Band 85

OutdoorHandbuch

Michael Hennemann

Finnland:
Bärenrunde

W0178218

Der Weg ist das Ziel

Der Autor ist für Lesertips und Verbesserungen
(besonders als E-Mail oder auf Diskette)
unter Angabe der Auflagen- und Seitennummer dankbar.
Leser, deren Einsendung verwertet wird,
werden in der nächsten Ausgabe genannt und erhalten als Dank
ein Exemplar der neuen Auflage
oder ein anderes Buch ihrer Wahl
aus dem Programm des Verlags.

OutdoorHandbuch aus der Reihe Der Weg ist das Ziel, Band 85

Finnland: Bärenrunde

ISBN 3-89392-185-0, 1. Auflage 2000

® Outdoor ist eine eingetragene Marke
für Bücher des Conrad Stein Verlags

Dieses OutdoorHandbuch wurde konzipiert und redaktionell erstellt vom
Conrad Stein Verlag, In der Mühle, 25821 Struckum
☎ 04671/931314, FAX 04671/931315
E-Mail: <outdoor@tng.de> internet: <http://outdoor.tng.de>
für die OutdoorHandbuch Stein KG, Struckum

Auslieferung für den Buchhandel:
Ⓓ Prolit, Fernwald und alle Barsortimente
ⒸⒽ AVA-buch 2000, Affoltern
Ⓐ freytag & berndt, Wien

Text und Fotos: Michael Hennemann
Karten und Pläne: André Höppner
Lektorat: Marion Malinowski
Gesamtherstellung: Breklumer Druckerei

Dieses OutdoorHandbuch hat 125 Seiten
mit 13 farbigen, 8 s/w Abbildungen und 10 Kartenskizzen.
Es wurde auf chlorfrei gebleichtem Papier gedruckt.

00198009800

Land und Leute   11

Reise-Infos von A bis Z   29

Die Bärenrunde 49

Die Bärenrunde im Winter 85

Kanutouren 93

Glossar 119

Index 123

Symbole

Autoanreise		Krankenhaus
Busverbindung		Parkplatz
Fähre		Post
Flugverbindung		Supermarkt
Zugverbindung		Tankstelle
Campingplatz		Angeln
Hotel		Feuerstelle
Jugendherberge		Kanutouren
E-Mail		Kota
Faxnummer		Laavu
Information		Naturlehrpfad
Internetadresse		Portage
Literatur/Karten		Wildmarkhütte
Telefon		Zeltmöglichkeit
Vorwahl		Achtung
Café		Aussichtspunkt
Kiosk		Fototip
Restaurant/Imbiß		Museum
Apotheke		Tip
Bank		Touranbieter
geöffnet		siehe...

BESUCHEN SIE UNS DOCH IMMER MAL WIEDER AUF UNSERER HOMEPAGE IM INTERNET.

Dort finden Sie...

▶ aktuelle Updates zu diesem OutdoorHandbuch und
▶ zu unseren anderen Reise- und OutdoorHandbüchern,
▶ Zitate aus Leserbriefen,
▶ Kritik aus der Presse,
▶ interessante Links zu befreundeten Firmen,
▶ unser komplettes und aktuelles Verlagsprogramm,
▶ viele Sonderangebote für Schnäppchenjäger:

   http://outdoor.tng.de

Vorwort

Von der Bärenrunde bis zum Polarkreis ist es nicht mehr weit. Die ungünstigen klimatischen Verhältnisse erschweren die Landwirtschaft, was dazu geführt hat, daß diese Region erst spät von der Zivilisation erfaßt wurde und bis heute dünn besiedelt blieb.

Immer noch ist Kuusamo für viele Finnen gleichbedeutend mit intakter Natur. Nicht selten werden Sie auf finnische Wanderer stoßen, die "mal eben" 800 km von Helsinki gefahren sind, um ein Wochenende lang auszuspannen und dem Großstadttrummel zu entfliehen.

Ob Wandern, Skilaufen oder Paddeln - Kuusamo ist die richtige Umgebung für alle Outdoor-Begeisterten. Das vorliegende Buch soll Sie auf Ihrer Tour begleiteten und alle für Ihr Vorhaben nötigen Informationen liefern.

Die Wegbeschreibung der Bärenrunde ist in sechs Etappen unterteilt, die zwischen 4 km und 16 km lang und so gewählt sind, daß Sie am Ende des Tages in einer Wildmarkhütte übernachten können. Zusätzlich zur eigentlichen Bärenrunde werden interessante Abstecher in die nähere Umgebung beschrieben.

Während eine Wanderung im Sommer vor allem etwas für diejenigen ist, die erste Erfahrungen auf einer Wildnistour sammeln wollen, stellt eine Wintertour auch für erfahrene Trekker eine Herausforderung dar. Das Buch liefert Ratschläge und Hinweise zur richtigen Ausrüstung und weist auf die Besonderheiten der Winterroute hin.

Bei den Tourenbeschreibungen werden die finnischen Bezeichnungen verwendet, wie sie in den Landkarten zu finden sind. Wenn Sie zu Beginn bei den Endungen -joki, -köngäs, -järvi, -kämppä , -saari oder -vaara Schwierigkeiten haben, an einen Fluß, eine Stromschnelle, einen See, eine Hütte, eine Insel oder einen Berg zu denken, hilft Ihnen die Wörterliste mit den wichtigsten geographischen Bezeichnungen am Ende des Buches weiter (☞ Fremdsprech).

Die Flüsse von Kuusamo sind bei Wildwasserkanuten bekannt. Weniger bekannt, deshalb aber nicht weniger reizvoll, sind Paddeltouren auf den Seen der Region, die in diesem Buch vorgestellt werden. Sie sind sowohl für Anfänger als auch für Familien im Canadier geeignet.

Neben der reinen Wegbeschreibung liefert das Buch Wissenswertes zu Geographie, Landschaft, Flora und Fauna; natürlich auch zum Namenspatron des Wanderweges, dem Bären - "karhu".

"Karhunkierros", so lautet die finnische Bezeichnung der Bärenrunde, nicht zu verwechseln mit dem "Karhunpolku", dem Bärenpfad in Nordkarelien. Der Bär ist in Finnland seit je her hoch angesehen, und schon die Menschen der Altsteinzeit betrieben einen regelrechten Bärenkult. Die Köpfe getöteter Bären wurden in den Höhlen auf Stangen gespießt und umtanzt. Den Jägern war es verboten, den Bären beim Namen zu nennen, um seinen Geist nicht zu reizen.

In der jüngeren Vergangenheit machten die Jäger ihre Runde nach dem ersten Schneefall im Herbst, wenn die Fußspuren der Bären deutlich zu erkennen waren. War die Schneedecke dick genug, kehrten sie zu den Höhlen zurück, scheuchten die Bären auf und begannen mit der Jagd. Selbst wenn der Bär fliehen konnte, kam er in dem tiefen Schnee nur schwer voran, und es war ein leichtes, ihm auf Skiern zu folgen.

Einem Bären werden Sie auf Ihrer Wanderung wohl kaum begegnen, aber dramatische Stromschnellen, wilde Wasserfälle, verträumte Wälder, schroffe Felsformationen und weite Moorlandschaften lassen die Tour zu einem eindrucksvollen Erlebnis werden.

Michael Hennemann

Über den Autor

Michael Hennemann lernte die Faszination des Outdoor-Lebens während einer Ausbildung in Freiburg im Breisgau kennen. Die ersten längeren Touren unternahm er vor vier Jahren im Schwarzwald, im Schweizer Jura und in den Vogesen. Seit Beginn seines Geographiestudiums in Kiel zieht es ihn als Ausgleich zur trockenen Theorie im Vorlesungssaal in immer kürzeren Abständen zu immer längeren Touren nach Skandinavien. Mit Rucksack, Fahrrad oder Kanu im Sommer und Schneeschuhen im Winter erkundet er die Wildnis des Nordens und berichtet darüber in Zeitschriftenartikeln.

Danke

Ein dickes "Kiitos" geht an:

Jochen, Timo und Andreas, die "Schuld" daran sind, daß mich der Karhunkierros in seinen Bann zog und mit denen ich feststellte, daß man Müsli manchmal meißeln muß; Jens, der eine gute Figur als Eisbrecher auf dem Oulankajoki machte; Britta und Olaf, die einige unbändige Satzmonster zerschlugen sowie an die Gerhardtstraßen-WG, in deren Exil ich den letzten Teil des Buches schreiben konnte.

Ein lautes "Pfui" geht an die Pfadfinder aus Schwabach, denen scheinbar die Bedeutung des Wortes "leihen" unbekannt ist, und die noch immer mit meinem Paddel durch die Gegend fahren.

Land
und
Leute

Geschichte

Die ersten Spuren einer Besiedlung in der Region Kuusamo stammen aus der Steinzeit. In der Kiutaköngäs-Schlucht gefundene Quarzsplitter deuten darauf hin, daß sich hier ein erster Siedlungsort befunden hat. Auch am Paanajärvi, in den der Oulankajoki östlich der heutigen Grenze zu Rußland mündet, wurden Steinwerkzeuge und Töpferarbeiten aus dieser Zeit gefunden. Im Mittelalter wurde die Region von samischen Stämmen bewohnt, die eine halbnomadische Lebensweise führten und von Jagd und Fischfang lebten.

Vom Südwesten aus kolonisierten die Schweden Finnland und verbreiteten den römisch-katholischen Glauben während mehrerer Kreuzzüge. 1249 wurde Finnland zu einem schwedischen Fürstentum. Die schwedische Siedlungspolitik, insbesondere das 1673 erlassene Gesetz über die Besiedelung Lapplands, erhöhte die Zahl der Einwohner in Kuusamo. Sie vernichteten den Wildrenbestand, drangen in die Fischgründe der Samen ein und entzogen diesen so ihre Lebensgrundlage. Die Samen wurden ständig weiter in den Norden verdrängt.

Im Nordischen Krieg von 1700 bis 1721 verlor Schweden seine Großmachtstellung in Europa. Finnland wurde 1741/1742 von Rußland besetzt und 1809 Teil des Russischen Reiches. Die Bevölkerung der Oulanka-Paanajärvi-Region entwickelte Handelsbeziehungen, die bis an das Weiße Meer reichten. Seit dem Ende des 19. Jahrhunderts wurde das Gebiet zu einem beliebten Urlaubsziel, was sich bis heute nicht geändert hat.

1917 wurde Finnland unabhängig, 1919 zur Republik. Die finnisch-russische Grenze wurde geschlossen, und die gewachsenen Handelsbeziehungen der Menschen in der Paanajärvi-Region wurden abrupt beendet.

Die dreißiger Jahre brachten den Wohlstand, da die Waldwirtschaft Geld ins Land fließen ließ. Die holzverarbeitende Industrie erlebte einen Aufschwung, überall im Land wurden Fabriken und Sägewerke errichtet. Die Zahl der Arbeitslosen sank rapide, und Finnland war eines der am wenigsten verschuldeten Länder der Welt.

Beendet wurden diese erfolgreichen Jahre durch den Zweiten Weltkrieg. Die Sowjetunion wollte den Austausch von Gebieten mit Finnland, da die

Stadt Leningrad nur etwa 30 km von der finnischen Grenze entfernt lag. Aber in Finnland nahm man die Gefahr eines Krieges nicht wahr. Am 30.11.1939 griff die Sowjetunion an, und es kam zum sogenannten Winterkrieg (1939 bis 1940), bei dem Finnland etwa 10% seines Staatsgebietes verlor, darunter auch die Paanajärvi-Region. Die Bewohner verließen fluchtartig ihre Häuser, die finnischen Soldaten zündeten auf ihrem Rückzug Häuser und Bauernhöfe an, um sie nicht dem Feind zu überlassen.

1941 brach der Fortsetzungskrieg aus. Im Sommer 1942 hatte Finnland mit Unterstützung aus Deutschland den größten Teil der im Winterkrieg verlorenen Gebiete zurückerobert. Viele Menschen kehrten in ihre alte Heimat zurück, die nun von einer deutschen Militärregierung überwacht wurde. 1944 erreichten russische Truppen erneut die Paanajärvi-Region, am 4. September 1944 wurden die militärischen Aktionen beendet. Die Menschen hatten das Gebiet innerhalb von 24 Stunden zu verlassen.

Erst 1992 erhielten die ehemaligen Bewohner die Möglichkeit, in die Paanajärvi-Region zu reisen. Bei der Gründung des Paanajärvi-Nationalparks (☞ Die Bärenrunde, Der Oulanka-Nationalpark) wurde für einen Tag ein Grenzübergang mit vereinfachten Kontrollen eingerichtet, so daß die alten Bewohner ihrer ehemalige Heimat besuchen konnten.

Geographie

Finnland hat eine Gesamtfläche von fast 338.000 km² und ist damit das siebtgrößte Land Europas. Etwa 10% des Staatsgebietes sind von Wasser, etwa 69% von Wald bedeckt; 8% der Fläche werden landwirtschaftlich genutzt. Die längste Nord-Süd-Ausdehnung beträgt knapp 1.200 km und die größte Breite von Westen nach Osten 540 km.

Finnland ist ein ausgesprochenes Tiefland. Die mittlere Höhe beträgt 150 m. Bis zu einer geographischen Breite von 67° Nord, also in etwa auf Höhe des Polarkreises, liegt das Land unter dem ehemals höchsten Meeresspiegel; die Vorgänger der Ostsee überfluteten diese Landesteile und lagerten fruchtbare Sedimente ab, so daß diese Gebiete hervorragend für den Ackerbau geeignet sind.

Regionen

Obwohl Finnland aufgrund seiner Ebenheit, dem gleichmäßigen Klima und dem dominierenden Nadelwald kaum große Unterschiede zwischen den einzelnen Landesteilen aufweist, kann man die folgenden Regionen unterscheiden:

▶ Im Industriegürtel im Südteil des Landes wohnt fast ein Drittel aller Finnen. Die tonigen und sandigen Ebenen werden intensiv landwirtschaftlich genutzt.

▶ Die südfinnische Seenplatte, begrenzt durch zwei gewaltige Moränenwälle: Suomenselkä im Norden und Salpauselkä im Osten. Die 500 km lange Endmoräne Salpausselkä liefert ideale Voraussetzungen für den Skitourismus, am höchsten Punkt erreicht sie 233 m.

▶ Das ehemals schwedische Siedlungsgebiet Österbotten (Pojanmaa) am Bottnischen Meerbusen umfaßt die Provinz Vaasa und den westlichen Teil der Provinz Oulu. Früher stark durch Landwirtschaft geprägt, hat sich inzwischen vermehrt Industrie angesiedelt (Rahe: Stahl; Oulu: Chemie und Zellulose).

▶ Nordkarelien, Kainuu und Kuusamo sind seenreich und hügelig. Es herrscht ein rauheres Klima und die Sümpfe sind ausgedehnter. Die Region Kuusamo ist die Übergangsstation nach Lappland. Hier erheben die ersten Tunturi ihr baumloses Haupt über die ebene Umgebung.

▶ Finnisch-Lappland gliedert sich in zwei Teile: Der waldreiche Süden wird fast ausschließlich von Finnen bewohnt und landwirtschaftlich genutzt. Auch die höchsten Berge des Landes - darunter der 1.324 m hohe Haliatunturi - sind in Nordlappland zu finden. Der sonst so typische Nadelwald wird von Krüppelbirken abgelöst.

Geologie

Der Untergrund Finnlands besteht aus uralten Gesteinen, die zu den ältesten der Welt zählen. Ein großer Teil Finnlands, darunter auch die Region Kuusamo, gehört zum Baltischen Schild, der in mehreren Phasen während der

Erdfrühzeit (Präkambrium) vor 0,6 bis 4,0 Mrd Jahren entstanden ist und aus Graniten, Gneisen und Schiefern besteht.

Das heutige Landschaftsbild Finnlands wurde von der Weichseleiszeit geprägt. Diese jüngste Kälteperiode der Erdgeschichte ging vor ca. 8.000 Jahren zu Ende. Zur Zeit der größten Inlandseiserstreckung war Finnland komplett mit Eis bedeckt. Der bis zu 3 km dicke Eispanzer drückte die Erdoberfläche um fast 700 m ein. Nach dem Abschmelzen der Eismassen begann die Landhebung, die bis heute im Gange ist. Von den 700 m, um die sich die Erdkruste gesenkt hatte, sind erst 300 m wieder ausgeglichen.

Finnland wächst noch immer um etwa 1.000 km² pro Jahrhundert. Küstenstädte werden auf diese Weise zu Binnenstädten - Vaasa und Poori zum Beispiel liegen heute 15 km landeinwärts - und neue Inseln tauchen aus dem Meer auf. Die Wirkung des Eises hat in Finnland spezielle Formen hervorgebracht:

▶ **Ebenes Relief und Tunturi**: Die hobelnde Wirkung der Gletscher schuf in Nordfinnland weite Ebenen, die von den sanft geschwungenen Kuppen der baumlosen Tunturi aufgelockert werden, z.B. Pallastunturi 821 m.

▶ **Rundhöcker und Rapakivigranite**: Die Rapakivigranite (finnisch für "faulender Stein") gelangten an Schwächezonen der Erdkruste an die Oberfläche. Diese widerstandsfähigen Gesteinsmassen wurden durch die Eismassen zu Rundhöckern, z.B. Koli (347 m) in Nordkarelien, geschliffen.

▶ **Trogtäler** im äußersten Norden Finnlands: Diese Täler sind bereits vor der Eiszeit durch Flüsse entstanden. Ihr Verlauf entsprach der Bewegungsrichtung der Eismassen (Lemmenjoki, Kevojoki).

▶ **Gletschertöpfe**: Sie entstanden an Stellen, an denen die abhobelnde Kraft des Gletschers und der Druck des Schmelzwassers unter den Gletschern zusammenwirkte (größter Gletschertopf mit 12 m Tiefe: Hiidenkirnut bei Rovaniemi). Der vorrückende Gletscher schob wie eine riesige Planierraupe Gesteinsschutt vor sich her und lagerte ihn als Moränenwall vor sich ab, so daß einige besondere Oberflächenformen entstanden:

▶ **Drumlins**: Diese stromlinienförmigen Hügel treten meistens in Schwärmen auf und sind mit ihrer Längsachse in Eisrichtung ausgerichtet. Sie bestehen aus aufgeschobenem, zusammengepreßten Moränenmaterial.

▶ **Oser**: Sie bildeten sich beim Abschmelzen der von langen Spaltensystemen durchzogenen Gletscher. Der abgehobelte Schutt quoll unter dem hohen Druck der Eismassen in diese Gletscherspalten, und nach dem Abschmelzen blieben wallartige Dämme zurück, die sich kilometerlang durchs Land ziehen (Punkaharju südlich von Savolinna, etwa 10 km lang).

▶ **Seen**: Der Eispanzer wurde zum Rand hin dünner. Am Eisrand war der Druck auf den Untergrund weniger stark und im Gebiet des heutigen Finnlands blieben viele flache Hügel zurück, die das Schmelzwasser nach dem Abtauen des Eises am Abströmen hinderten.

Klima

Finnland liegt im Windschatten des Gebirgszuges der Skanden, der auf einer Länge von 1.700 km entlang der schwedisch-norwegischen Grenze verläuft. Im Osten des Landes erstrecken sich die riesigen Landmassen Osteuropas. Von hier gelangen die Luftmassen ungehindert nach Finnland und bestimmen das kontinental geprägte Klima. Im Sommer sorgen die Ostsee und die zahlreichen Seen für eine Abkühlung ihrer Umgebung. Im Winter erhöht die zugefrorene Ostsee die Temperaturdifferenzen.

Der Golfstrom wirkt sich mit seinen warmen Luft- und Wassermassen positiv auf das Klima aus. Im Mittel ist es wärmer als an anderen Orten vergleichbarer Breite, wie z.B. Grönland , im Winter um mehr als 10°, im Sommer um 2° bis 4°.

Besonders deutlich wird der kontinentale Einfluß auf das Klima, wenn man die Temperaturunterschiede zwischen Sommer und Winter betrachtet, die am selben Ort bis zu 30° betragen können.

Im Sommer liegt die Differenz zwischen der wärmsten und der kältesten Region nur bei etwa 4°. Die mittlere Julitemperatur beträgt in Südfinnland 17° bis 18° und in Lappland 14° bis 15°.

Im Winter dagegen wird der Unterschied zwischen den Regionen größer und kann bis zu 15° betragen. Das Februarmittel liegt auf den Ålands bei -4°, in Lappland sinkt das Thermometer bis auf -19°. Die Kontinentalität nimmt von Westen nach Osten und von Süden nach Norden zu. Während die Jahresschwankungen der Temperatur in Helsinki knapp 23° betragen, sind es etwa 380 km nordöstlich in Kuopio schon um die 27°.

Die Niederschlagsverteilung weist in Finnland kaum Unterschiede auf, da größere Höhenunterschiede fehlen. Mit 400 bis 450 mm sind die Niederschlagsmengen in Lappland im Regenschatten der Skanden am niedrigsten. Der Niederschlag im Winterhalbjahr fällt fast ausschließlich in Form von Schnee. Eine geschlossene Schneedecke hält sich im Südwesten für 80 bis 140 Tage, im Norden dagegen für 220 bis 250 Tage. Die höchsten Schneedecken sind im östlichen Landesteil und in der Provinz Lappland zu finden.

Flora

Die Wälder in Kuusamo werden als borealer Nadelwald bezeichnet. Diese Vegetationszone erstreckt sich als Gürtel über alle Kontinente der Nordhalbkugel und wird von kurzen, warmen Sommern und lang andauernden, schneereichen Winter geprägt.

Vor allem Nadelbäume sind optimal an die widrigen Klimabedingungen angepaßt. Durch das Nadelblatt können sie die kurze Vegetationszeit im Sommer voll ausnutzen. Während Laubbäume ihre Blätter erst neu ausbilden müssen, sind die Nadelbäume bereits in der Lage, Photosynthese zu betreiben. Die meist säulenförmigen Kronen der Bäume vermindern die Gefährdung durch Schneebruch und ermöglichen eine gute Nutzung der schräg einfallenden Sonnenstrahlen bei niedrigem Sonnenstand.

Die "Taiga", wie dieser Nadelwald in Anlehnung an die russische Bezeichnung für Urwald genannt wird, zeigt sich in Nordeuropa besonders artenarm. Auf nährstoffreichen Böden wächst ein dichter Fichtenbestand, an trockenen, sandigen, aber auch nassen, nährstoffarmen Standorten ein lichter Kiefernwald.

Für den Kiefernheidewald typisch ist ein reichhaltiger Unterwuchs aus verschiedenen Moosarten (Isländisches Moos, Gemeines Widertonmoos),

Preisel-, Heidel-, Rausch- und Krähenbeeren, sowie Flechten, z.B. der Rentierflechte, die so weich, zäh und saugfähig ist, daß sie früher als Windel für
Kleinkinder benutzt wurde.

In Nordeuropa gibt es etwa 2.000 Flechtenarten. Am Ende der letzten
Eiszeit besiedelten sie als erste das Land und schufen die Grundlage für
höhere Lebensformen. Flechten sind wahre Nordlandspezialisten. Keine
andere Pflanze vermag derart extreme Standorte zu besiedeln. Auf kargen
Steinflächen überstehen sie hohe Sommer- und niedrige Wintertemperaturen
und kommen jahrelang ohne Niederschlag aus. Damit noch nicht genug - sie
können auch noch bis zu 1.000 Jahre alt werden!

Flechten sind eine Zweckgemeinschaft aus Pilz und Alge - frei nach dem
Motto: gemeinsam sind wir stark. Die Alge kann Photosynthese betreiben und
liefert dem Pilz Kohlenhydrate, die er zum Wachsen benötigt. Im Gegenzug
gibt der Pilz der Alge Wasser und Nährsalze. Flechten sind besonders anfällig für Luftverschmutzungen, da sie ihre Nahrung über die Luft aufnehmen.
Neben Schwefeldioxid und Stickoxiden bedroht auch die moderne Waldwirtschaft die Flechten, weil es dort keine natürliche Verjüngung mehr gibt.

Man kann die Flechten nach ihrer Form in folgende Gruppen einteilen:

▶   Krustenflechten, die auf der Oberfläche von Steinen oder auf der
       Baumrinde wachsen,
▶   Nabelflechten, die im Gegensatz zur ersten Gruppe nur an einer Stelle
       in der Mitte mit ihrem Untergrund verbunden sind,
▶   Strauchflechten, die nur an einer Stelle mit dem Untergrund verwach-
       sen sind und wie kleine Sträucher aussehen,
▶   Bartflechten, die oftmals von den Bäumen herunterhängen. Von
       Bedeutung sind die Flechten vor allem für die Rentierzucht. Während
       der langen Winter ernähren sich diese Tiere fast ausschließlich von
       Flechten: bis zu 2 kg benötigt ein einzelnes Rentier pro Tag.

Mindestens 50 Jahre muß ein Wald alt sein, damit im Rhythmus von 5 Jahren die Flechten gepflückt werden können. Anschließend werden sie getrok-
knet und weiterverarbeitet, um dann größtenteils in die Bundesrepublik
exportiert zu werden, wo sie als Grabschmuck oder Eisenbahnmodellbäum-
chen Verwendung finden.

Der einzige Laubbaum, der mit den widrigen Klimabedingungen umgehen kann, ist die Birke. Sie wächst besonders gerne auf natürlichen Lichtungen und auf vom Menschen geschaffenen Kahlschlägen. Üppige Blumenwiesen, auf denen Trollblumen und Prachtnelken blühen, lassen ebenfalls auf eine menschliche Nutzung in der Vergangenheit schließen.

Neben dem Nadelwald haben auch die Moore eine große Bedeutung im Oulanka-Nationalpark. Während des Sommers sind die Niederschläge deutlich höher als die Verdunstung. Wo der Grundwasserspiegel bis 50 cm unter die Erdoberfläche steigt, können Bäume nicht mehr wachsen, und es bilden sich Moore.

Hochmoore sind aus Torfmoosen aufgebaut, die wie ein Schwamm das 20 bis 30fache ihres Trockengewichts an Wasser aufnehmen können.

In Flachmooren gedeihen zahlreiche Seggenarten, Teichschachtelhalm, Wollgras, Fieberklee, Sonnentau, Moos-, Rausch-, Krähen- und Multebeeren.

Fauna

In Finnland wurden 60 verschiedene heimische Säugetierarten gezählt. Am häufigsten sind dabei Hase, Fuchs und Eichhörnchen. An großen Raubtieren gibt es Bär, Wolf, Luchs, Vielfraß, Dachs, Fischotter und den eingeführten Marderhund. Hinzu kommen etwa 350 Vogelarten sowie etwa 70 Fischarten. Im Oulanka-Nationalpark leben 30 verschiedene Säugetierarten, 120 Vogelarten und über 7.000 verschiedene Insekten.

Das häufigste Tier, dem Reisenden nach kurzer Zeit vom Anblick am Straßen- oder Wegesrand bekannt, ist das Rentier, welches scheinbar frei umherschweift. Doch der Eindruck täuscht, fast alle Tiere gehören zu einem Zuchtbetrieb: etwa zwei Drittel der umherlaufenden Tiere sind im Besitz der Samen, für die die Rentiere seit Jahrhunderten die Lebensgrundlage bilden.

Das Rentier ist nahe mit Reh und Rothirsch verwandt und gehört zu den Paarhufern. Es erreicht eine Schulterhöhe von 1,20 m und wird bis zu 2 m lang. Beim Ren tragen sowohl männliche als auch weibliche Tiere ein Geweih, das jedes Jahr neu gebildet wird. Die Tiere ziehen im Jahreszyklus zwischen Sommer- und Winterweiden hin und her. Auf ihren Wanderungen zwischen

Grasweiden im Sommer, auf denen die Kühe kalben, und Gebirgswäldern im Winter, wo die Rentierflechte die Hauptnahrung bildet, können die Tiere ohne Probleme größere Flüsse durchschwimmen. Mit ihren breiten Hufen sind die Rentiere in der Lage, sich auf morastigem Boden und im Schnee vorwärts zu bewegen. Mit ihren spreizbaren Vorderhufen scharren die Tiere unter dem Schnee nach Nahrung. Im Sommer ernähren sich Rentiere auch von Blättern, Kräutern, Seggen und Pilzen.

Symbol des Nordens ist der Elch. Zu Beginn des 19. Jahrhunderts war er fast ausgestorben, heute hat sich der Bestand wieder erholt. Trotzdem wird man in den meisten Fällen nicht viel mehr als eine Elchlosung zu Gesicht bekommen.

Ihre volle Körpergröße erreichen die Elche ab dem fünften Lebensjahr, vom achten Lebensjahr an tragen die Bullen ihre stärksten Geweihe. Der Europäische Elch wird bis zu 2,80 m lang, 2,20 m hoch und bis zu 530 kg schwer. Im Vergleich zu seinen alaskanischen und ostasiatischen Verwandten fällt er somit zierlich aus. Auch die Geweihe sind kleiner: während man in Alaska Elchbullen mit großen Schaufeln von mehr als 40 Enden antreffen kann, bilden skandinavische Elche nur Stangen- oder kleine Schaufelgeweihe aus. Trotzdem ist auch der Europäische Elch in der Lage, einem Wolf oder einem Bären mit der scharfen Kante seines Vorderhufes den Schädel zu spalten. Auffällig ist die hängende Oberlippe, mit der er Zweige und Blätter umschließt, um sie dann abzureißen.

Aufgrund der intensiven Waldwirtschaft stieg die Elchpopulation in den letzten Jahrzehnten rapide an. Der Wald konnte sich ausdehnen, weil Sümpfe und Moore trockengelegt wurden. Um die gigantischen Maschinen wirtschaftlich nutzen zu können, sind riesige Kahlschläge nötig. In den Folgejahren wachsen auf diesen Flächen stickstoffliebende Kräuter und Gräser, später auch Birken und Weiden. Diese junge Vegetation enthält besonders viel Eiweiß, und den Elchen steht so praktisch unbegrenzt Nahrung zur Verfügung.

Die Elchschwemme bereitet dem finnischen Staat große Probleme. Zum einen schädigen die Elche junge Baumbestände und richten, insbesondere bei Fichten, verheerende Verbißschäden an, zum anderen ist der Elch eine Gefahr im Straßenverkehr.

Bis zur Mitte des vergangenen Jahrhunderts wurde der Braunbär ohne Rücksicht gejagt und fast ausgerottet. Ein erheblicher Aufschwung der skandinavischen Bärenpopulation erfolgte durch ihre Verwandten in Rußland. Von den Eltern vertrieben, wechseln die Jungtiere auf die andere Seite der Grenze.

Eine Bärin wird erst im Alter von drei bis vier Jahren geschlechtsreif und wirft dann in jedem dritten Jahr, nach einer Tragzeit von sechs bis neun Wochen, zwei bis drei Junge. Die jungen Bären sind blind, rattengroß und wiegen 400 bis 500 g. Sie werden eineinhalb Jahre gesäugt und wachsen schnell heran. Skandinavische Braunbären werden bis zu 2,20 m lang, bis zu 250 kg schwer und etwa 20 Jahre alt.

Der Lebensrhythmus der Bären wird hauptsächlich durch Überwinterung bestimmt. Während des langen Winters von Oktober bis April ruht der Braunbär in einer mit Gras, Moos oder Heu gepolsterten Höhle, die im Fels oder unter Steinplatten liegen kann bzw. in den Boden oder in einen Ameisenhaufen gegraben wurde. Er schläft bei gleichbleibender Körpertemperatur, aber mit reduziertem Stoffwechsel und kann bei Gefahr oder bei mildem Wetter aufwachen. In dieser Zeit zehrt er ausschließlich vom eigenen Fettpolster und verliert pro Tag etwa 200 g Gewicht. Anfang April erwacht er, um gut ein Drittel leichter als im Herbst, aus dem Winterschlaf. Die Sommermonate nutzt er, um sich wieder ein Fettpolster anzufressen. Sein Speiseplan umfaßt in dieser Zeit nahrhafte Wurzeln, Alpenmilchlattich und Erzengelwurz, im Spätsommer ergänzt durch vitaminreiche Beeren. Lediglich im Frühjahr und im Herbst wird das Nahrungsspektrum um tierisches Eiweiß erweitert. Dann erlegen Bären auch größere Säugetiere bis hin zu Rentieren.

Pro Jahr werden in Finnland etwa 350 Rentiere getötet, die aber in den meisten Fällen von einem der etwa 700 in Finnland heimischen Luchse und nicht von einem Bären gerissen wurden. Der Luchs ist ein ausgesprochener Einzelgänger und beansprucht ein großes Revier. Auch er wurde fast ausgerottet, hat aber in den letzten Jahrzehnten sein ursprüngliches Verbreitungsgebiet zurückerobert.

Der Luchs ist hervorragend an seine Umgebung angepaßt. Sein dichtes, graubraunes Fell schützt ihn vor der Kälte, seine mit Haaren gepolsterten, breiten Pfoten wirken wie Schneeschuhe und verhindern das Einsinken im Schnee. Vor allem die Vermehrung der Rehe hat die Wiederansiedlung des Luchses gefördert. Er ist ein Pirschjäger und erlegt seine Beute, zumeist kranke Tiere oder weniger wachsame, halbdomestizierte Rentiere, nach einem kurzen Sprint von weniger als 30 m durch einen gezielten Biß in die Kehle.

Von den etwa 120 in Finnland heimischen Wölfen leben die meisten im Südosten, in der Region um Ilomantsi.

Auch für Vogelfreunde hat die Region Kuusamo einiges zu bieten. Das Gebiet um den Savinajoki ist ein wichtiges Brutgebiet des Singschwans, der sich vom bekannteren Höckerschwan durch einen orangefarbenen Schnabel unterscheidet. Auf den zahlreichen Seen leben Prachttaucher, Samt- und Trauerente sowie Zwergsäger. In den Mooren kommen u.a. Zwergschnepfen, Sumpfläufer und Odinshühnchen vor. In den feuchten Ristikallio-Wäldern wartet der sehr seltene Blauschwanz auf die Ornithologen.

Umweltsituation heute

In Finnland gibt es noch endlose Wälder, glasklare Seen und scheinbar unberührte Flußläufe.

Doch der erste Blick täuscht. Industrie und Landwirtschaft verschmutzen mit ihren Abwässern die Umwelt, Seen werden überdüngt und Wald durch sauren Regen geschädigt. Besonders im Norden wiegen die Folgen schwer, da die arktischen Ökosysteme extrem anfällig sind. Sie erholen sich nur schwer und sehr langsam.

Programme des finnischen Umweltministeriums zielen daher vor allem auf die Senkung der Emissionen. Alle alten Kohlekraftwerke mit einer Leistung von mehr als 200 MW müssen eine Entschwefelungsanlage nachrüsten, alle - auch kleinere - neuen Kraftwerke müssen Filter installieren, die 90% der Emissionen beseitigen. Das Verkehrswesen verursacht etwa 50% aller Stickoxid- und Kohlenwasserstoff-Abgase und fast 30% der Kohlendioxid-Verschmutzung. Um diese Verunreinigungen zu senken, wurden für die Abgase strenge Grenzwerte und Emissionsnormen erstellt.

Ein zweites großes Problem ist der Eintrag von Nährstoffen in die Gewässer. Hauptverschmutzer sind die holzverarbeitende Industrie und die Landwirtschaft. Ein umfassendes Projekt soll den Eintrag von Industrie, Kommunen, Landwirtschaft sowie Fisch- und Pelztierzucht senken.

Die Umweltprobleme sind nur zum Teil selbstgemacht. Ein großer Teil der Verschmutzungen stammt von den Nachbarn. Zwei Kraftwerke in Narva, die rund zwei Drittel der gesamten Schwefeldioxid-Emissionen Estlands verursachen, können in Südfinnland bei ungünstigen Windbedingungen bis zu einem Fünftel des gesamten Schwefelniederschlags ausmachen. Die Abgase der Bergbaubetriebe von Kostamus in Russisch-Karelien schädigen die Wälder in Ostfinnland, und die ungeklärten Abwässer von St. Petersburg führen zu einer hohen Nährstoffbelastung des Finnischen Meerbusens. Umweltschutz ist in Finnland also immer auch Teil der Außenpolitik. Die finnische Regierung versucht, in Zusammenarbeit mit Behörden und Unternehmen, der Russischen Föderation und Estland, die Probleme gemeinsam zu bekämpfen.

Bevölkerung

Die Einwohnerzahl Finnlands beläuft sich auf 5,1 Mio Einwohner, was einer durchschnittlichen Bevölkerungsdichte von 15 Einwohnern je km² entspricht. Die Einwohnerdichte zeigt dabei ein deutliches Süd-Nord-Gefälle. In der Provinz Uusimaa mit der Hauptstadt Helsinki beträgt sie 121,5 Einwohner/km², nördliche Landesteile wie Lappland oder Nordkarelien weisen hingegen mit 2,0 bzw. 8,2 Einwohnern/km² die geringsten Einwohnerdichten auf. Bezeichnend ist, daß in Lappland ebenso viele Rentiere wie Menschen leben – gut 200.000.

Vor allem in Utsjoki, Inari und Enontekiö in Finnisch-Lappland leben etwa 5.700 Menschen, die samisch als Muttersprache sprechen. Der Ursprung der Samen ist ungewiß, aber die meisten Wissenschaftler sind sich einig, daß die Samen von einem Volk abstammen, daß im letzten Jahrtausend vor Christus ins heutige Finnland einwanderte. Kern dieser frühen Gesellschaft war die "siida", eine Gemeinde, die sich aus mehreren Familien zusammensetzte, die in einem bestimmten Gebiet jagte und fischte.

Als die Zahl der wild lebenden Rentiere abnahm, gingen die Samen vor etwa 500 Jahren zur Zucht von halbzahmen Tieren über; die Jäger wurden zu Nomaden. Der den Tieren angeborene Wandertrieb, der nach Expertenmeinung durch Hormone und Jahreszeiten ausgelöst wird, zwang die Samen, den Tieren zu folgen. Heute haben die meisten Samen, zumindest für den Winter, einen festen Wohnsitz; das traditionelle Kota-Zelt wird nur noch für den Zug mit der Herde im Sommer verwendet.

Schlitten wurden durch Geländefahrzeuge und Motorschlitten ersetzt, die Verarbeitung der Rentiere erfolgt in modernen Schlacht- und Tiefkühlhäusern.

Die in Prospekten gerne in den Vordergrund gestellten bunten Trachten werden nur selten getragen und haben vielfältige Bedeutungen, z.B. geben die Anzahl der Bänder, Form und Farbe der Zipfelmütze Auskunft über die Sippenzugehörigkeit, Einkommensverhältnisse und auch das Ziel der Reise.

Die Eigenständigkeit der samischen Kultur wurde seit dem 16. Jh. durch die Ausbreitung des Christentums bedroht, und die Samen wurden von den finnischen Siedlern immer weiter nach Norden abgedrängt. Erst im 20. Jh. erfolgte eine Rückbesinnung auf die eigene Tradition und Kultur. Die ersten samischen Organisationen entstanden um die Jahrhundertwende. Mit der Gründung des Nordisches Rates der Samen im Jahre 1956 erhielten alle Samen in Norwegen, Schweden und Finnland zum ersten Mal in ihrer Geschichte die Möglichkeit, die Öffentlichkeit über ihre Probleme zu informieren und sich gemeinsam für die Verwirklichung ihrer Ziele einzusetzen.

1973 erhielten die Samen in Finnland ein eigenes Parlament, dessen Einfluß allerdings gering ist. Diese Vertretung hat keine gesetzgebende Gewalt und nur beratende Funktion, ist aber ein wichtiges Forum und setzt sich vor allem für die traditionelle Nutzung des Landes ein.

Schwedisch war über Jahrhunderte die Herrschafts- und Verwaltungssprache in Finnland und ist heute die zweite offizielle Landessprache. Etwa 6% der Bevölkerung wird zu den Finnlandschweden gerechnet. Darunter versteht man eine Gruppe von Finnen, die schwedisch als Muttersprache spricht. Sie leben hauptsächlich im Südwesten und auf den Åland-Inseln, wo eine rein schwedischsprachige Bevölkerung eine weitgehende Autonomie erhalten hat.

Der Besucher wird die Unterschiede in Gebieten mit einer überwiegend schwedischsprachigen Bevölkerung besonders im Kulturleben bemerken. Die erste finnische Zeitung und Finnlands ältestes Theater waren schwedischsprachig. Heute existieren u.a. etwa zwölf schwedische Zeitungen, im Radio und Fernsehen gibt es ein eigenes schwedisches Programm. Politisch werden die Interessen der finnlandschwedischen Bevölkerung durch die "Svenska Folkpartiet" vertreten.

Wichtige Stütze für die Bewahrung des Schwedischen ist die Möglichkeit zur Aus- und Weiterbildung auf Schwedisch. Etwa 1.500 Schüler machen pro

Jahr ein schwedischsprachiges Abitur und können im Anschluß z.B. an der einsprachig schwedischen Universität in Åbo (Turku) oder an der zweisprachigen Universität in Helsingfors (Helsinki) studieren.

Ein weitere Minderheit sind die Sinti und Roma, die vor allem in Südfinnland leben. Diese etwa 5.500 Menschen umfassende Gruppe der "mustalaiset" (wörtlich: die Schwarzen) mit eigener Sprache und Kultur lebt wie alle Zigeunergruppen in Europa am Rande der Gesellschaft.

Wirtschaft

Der Handel mit der Sowjetunion machte in der Vergangenheit bis zu einem Viertel des finnischen Außenhandels aus. Der Zusammenbruch der Sowjetunion löste in Finnland die schwerste Wirtschaftskrise nach dem Zweiten Weltkrieg aus. Erschwerend hinzu kam der Preisverfall für Holz und Papier auf dem Weltmarkt. Das Bruttosozialprodukt sank von 1990 bis 1993 um 13%, die Arbeitslosigkeit lag 1995 bei über 17%.

Die veränderte Situation im Ostseeraum bietet aber auch neue Chancen. Ein Zeichen dafür sind die schon heute bestehenden, starken wirtschaftlichen Beziehungen zwischen Helsinki und Tallin. Der Regierungswechsel von 1995, eine strikte Sparpolitik und der Beitritt zur Europäischen Union sorgten in den letzten Jahren für einen Aufschwung. Die Inflation liegt heute bei 1%, die öffentlichen Haushalte erwirtschafteten Überschüsse und die Arbeitslosigkeit sank innerhalb von fünf Jahren von 16,4% auf rund 10%.

Heute arbeiten nur noch etwa 8% der Erwerbstätigen in der Land- und Forstwirtschaft. Geprägt wird die Landwirtschaft von klein- und mittelbäuerlichen Strukturen. 58% der Betriebe verfügen über Flächen unter 10 ha. Aufgrund des Klimas liegen die ertragreichsten Gebiete im Südwesten bzw. Süden des Landes. Am häufigsten angebaut werden Hafer, Gerste und Weizen; Kartoffeln bringen sogar in nördlichen Regionen gute Erträge. Viehhaltung mit Rindern und Schweinen spielt in Finnland traditionell eine wichtige Rolle und macht etwa 70% des landwirtschaftlichen Einkommens aus. Nördlich des Polarkreises ist noch immer die Rentierhaltung von wirtschaftlicher Bedeutung.

Rund zwei Drittel der Gesamtfläche Finnlands sind mit Wald bedeckt, der jährliche Holzeinschlag beträgt etwa 40 bis 50 Mio Festmeter (=m³). Die

Holz- und Papierindustrie machte einst den Löwenanteil des Exports aus, der 1960 bei 75% lag und bis 1993 auf 30% gesunken ist. Trotzdem ist Finnland auch heute noch der zweitwichtigste Papier- und Kartonagenexporteur nach Kanada.

Motor der Industrialisierung in Finnland waren die Reparationslieferungen an die Sowjetunion nach dem Zweiten Weltkrieg, die überwiegend in Form von Maschinen und Schiffen erfolgten. Finnland gelang es, diese Lieferverpflichtungen in Handelsverträge umzuwandeln und sicherte sich so langfristige Absatzmärkte für den Export. Wichtigste Produktionszweige der Industrie sind die Metallerzeugung und der Maschinenbau, wobei vor allem Land- und Forstmaschinen sowie Anlagen für die Holzverarbeitung produziert werden.

Heute präsentiert sich Finnland zunehmend als leistungsfähige, hochmoderne Industrienation, die den Weltmarkt mit Telefonzentralen, Auto- und Mobiltelefonen sowie Unterhaltungselektronik versorgt. So sind etwa 15% der Exporte High-Tech-Produkte.

Ein Musterbeispiel für den Strukturwandel der Industrie ist der weltbekannte Nokia-Konzern, der in Oulu das weltgrößte Zentrum für Mobilfunkforschung eingerichtet hat. 1865 als Produzent von Forstmaschinen gegründet, war Nokia bis zum Ende der 80er Jahre des 20. Jahrhunderts ein Mischkonzern, dessen Produktionspalette von Gummistiefeln über Fernsehgeräte bis hin zu Computern reichte. Die Konzentration auf den Telekommunikationsmarkt begann 1991, bis 1996 erfolgte die Aufgabe der klassischen Produktionszweige. Nokia wurde zum weltweit führenden Hersteller von Mobiltelefonen. Heute beschäftigt der Konzern weltweit mehr als 44.000 Mitarbeiter und liefert in über 130 Länder. Der Nettoumsatz betrug 1998 insgesamt fast 80 Mrd FIM.

Selbstverständlich hat Nokia in Finnland ein flächendeckendes Mobilfunknetz eingerichtet, und es verwundert nicht, daß fast jeder Finne ein Handy besitzt – und auch ausgiebig nutzt. In den Städten gehört das Handy ans Ohr des flanierenden Passanten, nicht immer nur, um zu telefonieren: In Helsinki kann man am Flughafen per Mobiltelefon ein Getränk aus dem Automaten ziehen oder in der Waschstraße das richtige Pflegeprogramm fürs Auto wählen.

Auch auf der Bärenrunde werden Sie mit großer Wahrscheinlichkeit auf der ein oder anderen Hütte, aber auch mitten im Wald, ein Telefon klingeln hören.

Holzverarbeitung, Metallerzeugung und chemische Industrie sind allesamt energieintensive Produktionszweige. Insgesamt stieg der Energieverbrauch von 1973 bis 1990 um über 50%, Hauptabnehmer mit einem Anteil von knapp 55% ist die Industrie.

Die wichtigsten Energieträger - Rohöl, Uranbrennelemente und Erdgas - müssen importiert werden. Wichtigste einheimische Energiequellen sind Wasserkraft, Holz und Torf.

Wasserkraft liefert rund ein Viertel der gesamten Elektrizitätserzeugung. In Lappland wurden dafür einige Stauseen angelegt. Der Bau von weiteren Wasserkraftwerken stößt allerdings zunehmend auf den Widerstand von Umweltschutzorganisationen. Torf, der vor allem für die kombinierte Wärme- und Energiegewinnung eingesetzt wird, wird auf etwa 5% der Fläche Finnlands abgebaut. Mit Windkraftanlagen, die hauptsächlich an der Westküste zu finden sind, hat man in Finnland gute Erfahrungen gesammelt und weitere Anlagen sind in der Planung.

Der Tourismus rangiert unter den Wirtschaftszweigen an fünfter Stelle. Dieser Sektor beschäftigt etwa 80.000 Personen und erwirtschaftet einen Umsatz von über 14 Mrd Finnmark.

Besonders in strukturschwachen Regionen spielt der Fremdenverkehr eine immer stärkere Rolle. Die wichtigsten Touristenziele sind das Seengebiet im Osten, die Inselwelt der Schären vor der Westküste, Helsinki und Lappland.

Mit 14 Mio Übernachtungen wurde 1995 eine Höchstmarke erreicht. Etwa 76% dieser Übernachtungen entfielen auf inländische Urlauber. Bei den ausländischen Touristen nahmen Gäste aus Deutschland den ersten Platz ein, gefolgt von Besuchern aus Schweden, Rußland, Großbritannien und den Vereinigten Staaten.

Reise-Infos
von
A bis Z

Anreise

🚂 Wenn Sie mit dem Zug anreisen, fahren Sie via Kopenhagen und setzen mit dem Schiff nach Malmö über. Von dort geht es mit dem Zug nach Stockholm, dann per Fähre nach Turku und weiter mit der Bahn nach Oulu. Das letzte Stück von Oulu nach Kuusamo müssen Sie mit dem Bus zurücklegen (s.u.).

🚌 Von zahlreichen größeren deutschen Städten aus kann man mit dem Bus preisgünstig über Stockholm nach Oulu fahren. Von Hamburg erfolgt z.B. täglich eine Abfahrt nach Stockholm, der Preis für die Hin- und Rückfahrt nach Oulu beträgt ca. DM 450.

◆ Agentur der Deutschen Touring, Adenauer Allee 74, 20097 Hamburg, ☎ 040/2804538, FAX 040/2804838, 🖥 <www.deutsche-touring.com>

Wenn Sie mit dem Bus oder der Bahn anreisen, können Sie mit einem öffentlichen Linienbus von Oulu nach Kuusamo fahren. Der Busbahnhof liegt direkt hinter dem Bahnhof. Der Bus nach Kuusamo fährt vom Bussteig 4 ab. Die einfache Fahrt kostet FIM 150 und dauert etwa 3½ Stunden.

◆ Abfahrtszeiten von Oulu: tgl. 8:00, 11:00, 15:00., Mo bis Fr 12:30, 20:30., Mo bis Fr, So 17:30, Sa+So 18:30, Fr, So 23:00. Die Busse von Kuusamo zurück nach Oulu fahren ab Bussteig 1. Abfahrtszeiten: täglich 9:15, 14:05, 17:30, Mo bis Fr 5:30, Mo bis Sa 7:30 und 11:15, Fr+Sa 16:10; So 19:55.

⛴ Wahrscheinlich könnte man ein dickes Buch über die Fährverbindungen nach Finnland verfassen. Ein wahrer Preisdschungel erschwert den Durchblick. Mal gilt der angegebene Preis pro Person, ein anderes Mal für einen Pkw mit fünf Personen. Es gibt auch unterschiedliche Fahrpreise je nach Saisonzeit und bei Nachtfahrten sollten Sie bedenken, daß Sie eine Kabinenpassage buchen müssen.

Und als wäre das alles noch nicht kompliziert genug, hat jede Fährgesellschaft ihre eigenen Längen- und Höhenbegrenzungen für Fahrzeuge. Wenn Sie Ihr eigenes Kanu oder Kajak mitbringen, kann das leicht zum Problem werden, denn die 1,80 m Höhenbegrenzung bei der Silja Line von Schweden nach Finnland sind schnell überschritten. Hier hilft nur ein sorgfältiger Preisvergleich.

☺   Bei einigen Fährgesellschaften erhalten Rentner, Schüler und Studenten eine Ermäßigung, Nachfragen lohnt sich!

Grundsätzlich gibt es zwei Möglichkeiten - abgesehen von der eher außergewöhnlichen Anreise auf dem Landweg via Baltikum und Rußland - nach Finnland zu reisen.

Schnell und komfortabel sind die Direktfähren von Deutschland nach Finnland, die allerdings auch ihren Preis haben. Gemütlicher und günstiger ist einer der vielen Durchgangstarife, bei dem Sie von Deutschland über Schweden oder von Deutschland über Dänemark und Schweden nach Finnland reisen.

Diese Variante bietet sich besonders dann an, wenn Sie etwas Zeit mitbringen und Ihre Anreise mit einer Stippvisite in Stockhom verbinden oder sich noch Südschweden anschauen wollen.

◆   Finnlines: Große Altefähre 24-26, 23552 Lübeck, ☏ 0451/1507443,
     FAX 0451/1507444.
◆   Silja Line GmbH: Zeißstraße 6, 23560 Lübeck, ☏ 0451/58990.
◆   Stena Line: Schwedenkai 1, 24103 Kiel, ☏ 0180/5333600,
     FAX 0180/5333605, 🖥 <www.stenaline.de>
◆   tt-Line Gmbh & Co.: Mattenwiete 8, 20457 Hamburg, ☏ 040/3601442,
     FAX 040/3601407.
◆   Viking Line: Skandinavienkai, 23570 Lübeck-Travemünde, ☏ 04502/86800,
     FAX 04502/868077.
◆   Cruise & Ferry Center: Ch. des Curtils, 1261 Le Vaud, ☏ 022/3664230,
     FAX 022/3664178.
◆   Viking Line, Stena Line: Kontiki Reisen AG, Wettinger Str. 23, 5400 Baden,
     ☏ 056/2036666, FAX 056/2036630.
◆   Silja Line: ÖAMTC Reisebüro, Schubertring 1-3, 5020 Salzburg,
     ☏ 02/711991429, FAX 02/711991453.
◆   Viking Line: Seetour Austria, Mariahilferstr. 120, 1070 Wien,
     ☏ 0222/5255516, FAX 0222/52555215.
◆   Stena Line: The Ferry Center, Breitenfurter Str. 401-413, 1230 Wien,
     ☏ 0222/8889616, FAX 0222/8889615.

🚗   Eine extravagante Möglichkeit ist der Landweg über Polen, das Baltikum, St. Petersburg und die karelische Landenge.

Bei dieser Anreise sind Visa erforderlich, und die Entfernungen sind riesig: von Berlin über Warschau, St. Petersburg nach Helsinki sind es knapp 3.000 Straßenkilometer.

Um von Helsinki oder Turku nach Kuusamo zu gelangen, gibt es drei Routen. Von Turku empfiehlt sich die Küstenroute entlang des Bottnischen Meerbusens über Pori, Vaasa und Oulu (ca. 860 km).

Von Helsinki können Sie entlang der Ostgrenze, (GUS) zuerst an der Küste und dann durch das Saimaa-Seengebiet über Laapeenranta, Savonlinna und Kuhmo (ca. 815 km) oder durch das Landesinnere und typische Seen-Finnland über Jyväskylä, Kuopio und Kajaani (ca. 835 km) nach Kuusamo fahren.

✈ Finnair fliegt von Hamburg, Düsseldorf, Berlin, Frankfurt, München, Stuttgart, Wien, Zürich und Genf in etwa drei bis vier Stunden nach Helsinki. Der Anschlußflug nach Kuusamo dauert ca. 75 Minuten.
◆   Düsseldorfer Straße 14, 60329 Frankfurt/Main, ☎ 069/24252510 oder
      ☎ 01803/346624, FAX 069/24287960, ▯ <www.finnair.fi>
◆   Opernring 1, 1010 Wien, ☎ 0222/5875548, FAX 0222/5879127.
◆   Löwenstraße 56, 8001 Zürich, ☎ 01/2271515, FAX 01/2271516.

Weiterreise von Kuusamo zur Bärenrunde

🚌 Die möglichen Startpunkte der Bärenrunde - Ruka, Ristikallio und Hautajärvi - erreichen Sie von Kuusamo aus mit dem Bus in Richtung Salla, der von Bussteig 4 abfährt.
◆   Abfahrtszeiten: Mo bis Sa 14:15 und an Schultagen zusätzlich 8:00.

Zum Oulanka-Informationszentrum gelangen Sie mit dem Bus, der um 14:15 in Kuusamo abfährt. In Juuma müssen Sie dann in einen Kleinbus, der bis zum Informationszentrum fährt, umsteigen (nur im Sommer),

🚗 Wenn Sie mit dem eigenen Auto anreisen wollen, empfiehlt es sich, das Auto auf dem Parkplatz in Ruka stehenzulassen und mit dem Bus nach Ristikallio oder Hautajärvi zu fahren. Am Ende brauchen Sie dann nicht auf einen der nur selten verkehrenden Busse zu warten.

🎣 Angeln

✍ Im Oulanka-Nationalpark und am Kuusinkijoki gibt es außerdem eine wöchentliche Schonzeit von Montag 18:00 bis Dienstag 18:00, während der das Angeln verboten ist.

Die Gewässer in Kuusamo sind bekannt für ihren Fischreichtum an Barschen, Hechten, Forellen, Äschen und Plötzen. Besonders Kitkanjoki, Kuusinkijoki und Oulankajoki ziehen mit ihren Forellen, die in den russischen Gewässern groß werden und zum Laichen die finnischen Flüsse hinaufsteigen, die Angler an. Die meisten Fischgründe sind über Wanderpfade zu erreichen. Neben den genannten großen Flüssen bieten auch kleinere Flüsse, wie z.B. Naatikka, Poussu, Kure, Multikoski, Varis und Kuolio reichhaltige Fischgründe.

In den Seen darf das ganze Jahr über geangelt werden, die Flußangelsaison beginnt am 1. Juni und dauert bis zum 10. September.

In Seen und Teichen gehört das Angeln mit Wurm zum Jedermannsrecht. In Flüssen und an besonders gekennzeichneten Plätzen ist das Wurmangeln verboten.

Zum Angeln in Flüssen und für alle anderen Fangmethoden benötigen Angler im Alter von 18 bis 64 zwei Genehmigungen:

◆ Die staatliche Fischereiabgabe ("valtion kalastuksenhoitomaksu"), die FIM 80/Jahr bzw. FIM 20/Woche beträgt.

◆ Die regionale Angelgenehmigung ("viehekalastusmaksu") von der jeweils zuständigen Verwaltungsregion, die FIM 150/Jahr bzw. FIM 35/Woche kostet, oder eine Genehmigung des Gewässereigentümers, der in diesem Fall die Höhe der Gebühr festlegt.

📖 Angeln, Harald Barth, OutdoorHandbuch Basiswissen für Draußen, Conrad Stein Verlag ISBN 3-89392-121-4, DM 14,80,   7,80.

Ärztliche Hilfe

Da Finnland Mitglied der EU ist, haben Versicherte deutscher bzw. österreichischer Krankenkassen einen Leistungsanspruch. Bei den gesetzlichen Krankenkassen erhalten Sie einen Anspruchsausweis (Vordruck E 1 1 1), der Sie zur

Inanspruchnahme von Leistungen berechtigt. Weil die Krankenkassen in der Regel nicht für den Rücktransport nach Deutschland aufkommen, empfiehlt sich der Abschluß einer privaten Reiseversicherung.

◆   Notrufnummer 112.

Diplomatische Vertretungen

◆   Deutsche Botschaft, Krogiuksentie 4, 00340 Helsinki, ☎ 09/4582355.

◆   Österreichische Botschaft, Keskuskatu 1A, 00100 Helsinki, ☎ 09/171322.

◆   Schweizerische Botschaft, Uudenmaankatu 16A, 00120 Helsinki,
      ☎ 09/649422, FAX 09/649040.

Ⓓ   Botschaft der Republik Finnland, Rauchstr. 1, 10787 Berlin,
      ☎ 030/505030, FAX 030/50503333.

Ⓐ   Botschaft der Republik Finnland, Gonzagasse 16, 1010 Wien,
      ☎ 0222/531590, FAX 0222/5355703.

ⒸⒽ   Botschaft der Republik Finnland, Weltpoststr. 4, 3000 Bern 15,
      ☎ 031/3513031, FAX 031/3513001.

💰 Geld

▶   Bis zur Ablösung durch den Euro (Kurs 5,9 FIM = 1 Euro) bleibt die Währung die Finnmark (Markka), die in 100 Penni (Penniä) unterteilt ist. Es gibt Banknoten zu 10, 50, 100, 500 und 1000 FIM sowie Münzen zu 10 und 50 Penni sowie 1 und 5 FIM.

▶   Eurocheques werden in allen Banken in einer Höhe bis zu 1300 FIM angenommen, Geschäfte akzeptieren sie nur selten. Weit verbreitet hingegen sind die bekannten Kreditkarten (Euro-/Master-/Visa-Card).

Das Abheben von Bargeld mit ec-Karten ist nur an den „OTTO"-Automaten möglich. Die Banken sind von Montag bis Freitag 9:00 bis 16:15 geöffnet.

ℹ Information

▶   Die Finnische Zentrale für Tourismus gibt eine ganze Reihe empfehlenswerter und kostenloser Broschüren heraus.

Neben dem allgemeinen Finnland-Prospekt und einer speziellen Broschüre über Kuusamo ist vor allem das Heft "Naturerlebnis Finnland" mit zahlreichen Tips und Empfehlungen zu Wandern, Radfahren, Bootswandern, Angeln, Golf und Reiten hilfreich.

◆   Finnische Zentrale für Tourismus, Lessingstraße 5, D-60325 Frankfurt,
        ☎ 069/7191980, FAX 069/7241725, 💻 <www.mek.fi/de>

◆   Finnische Zentrale für Tourismus: Apollostr. 5, 8032 Zürich, ☎ 01/3891989,
        FAX 01/3891980.

▶   Das moderne Informationszentrum an der Kreuzung der Hauptstraßen nach Oulu und Kajaani/Rovaniemi ist kaum zu übersehen. Neben Broschüren, Karten und Infos zu Veranstaltungen erhält man hier auch Angelgenehmigungen. Außerdem können Reservierungen für Hotels vorgenommen und geführte Touren auf der Bärenrunde, Rafting-Trips und diverse andere Angebote gebucht werden. Neben einer Cafeteria gibt es auch zahlreiche Geschäfte, die Souvenirs und Handwerksarbeiten aus der Region zum Kauf anbieten.

◆   Fremdenverkehrsbüro Kuusamo, Torangintaival 2, 93600 Kuusamo,
        ☎ 08/8502910, FAX 08/8502901, 💻 <www.travel.fi/kuusamo> und
        💻 <www.kuusamo.fi>

▶   Die Deutsch-Finnische Gesellschaft möchte die Beziehungen zwischen Deutschen und Finnen durch Kulturveranstaltungen sowie Jugend- und Bildungsarbeit fördern. Insgesamt gibt es 15 Landesverbände und 71 Bezirksgruppen mit über 10.000 Mitgliedern.

◆   DFG Bundesgeschäftsstelle, Fellbacher Straße 52, 70736 Fellbach,
        ☎ 0711/5181165, FAX 0711/5181750,
        💻 <home.t-online.de/home/deutsch-finnische-gesellschaft>

▶   Bei STN gibt es ausführliche Informationen zu Jugendherbergen, Feriendörfern, Campingplätzen, Museen und anderem Wissenswerten. Auf deren Internetseite existieren zahlreiche Links zu Reiseveranstaltern und

Fremdenverkehrszentren, außerdem besteht die Möglichkeit zu Hotelreservierungen.

♦   STN - Suomen Turistineuvonta Oy, Kauniaistentie 13 C, FIN-02700 Kauniainen,
         ☎ 09/5051322, FAX 09/5052860, 🖥 <www.stn.fi>

Jedermannsrecht

Das Jedermannsrecht ist ein allgemein respektiertes Gewohnheitsrecht, das dem einzelnen in den nordischen Ländern viel Freiheit für den Aufenthalt in bzw. den Umgang mit der Natur einräumt. Es ist aber nirgendwo niedergeschrieben und darf auf keinen Fall als Freibrief verstanden werden.

☺   Die meisten Verbote verstehen sich von selbst, wenn ein klein wenig nachgedacht und Rücksicht genommen wird. Wenn Sie mithelfen möchten, die Natur Nordeuropas auch für die Zukunft als Outdoor-Paradies zu erhalten, sollten Sie sich den Regeln gemäß verhalten.

✋   Für den Oulanka-Nationalpark gelten besondere Verhaltensregeln: Zelten ist nur an den markierten Stellen mit dem Schild "Telttailualue", Lagerfeuer nur an den Stellen mit dem Schild "Tulentekopaikka" gestattet.

Das finnische Jedermannsrecht gestattet...

...sich frei zu Fuß, auf Skiern, per Rad und Boot in der Natur zu bewegen, jedoch nicht auf Höfen, Feldern, Wiesen oder Anpflanzungen, die dadurch Schaden nehmen können.

...den vorübergehenden Aufenthalt, z.B. im Zelt, in ausreichender Entfernung von Häusern.

...das Sammeln wildwachsender Beeren, Pilze und Blumen.

...das Befahren, Schwimmen, Waschen in Gewässern und das Begehen von Eis.

Verboten sind...

...das Stören von Vögeln, Nestern und Rentieren.

...das Fällen und Beschädigen wachsender Bäume sowie das Sammeln umgefallener Bäume oder von Moos auf Privatgelände.

...das Feuermachen auf Privatgelände ohne zwingenden Grund.
...die Verunreinigung der Umwelt (auch verlorene Angelhaken können zu qualvollen und tödlichen Verletzungen bei Wildtieren führen!).
...das Befahren von Privatgelände mit Kraftfahrzeugen.
...das Angeln oder Jagen ohne Genehmigung.

Literatur

Bücher

- Nationalparks in Skandinavien, R. Dey & J. Wendland, Leopold Stokker Verlag. Wanderungen, u.a. auch im Oulanka-Nationalpark.
- Finnland, W. Albrecht & M. Kantola, Beck'sche Reihe, Verlag C.H. Beck. Fundierte Hintergrundinformationen über Geschichte, Politik, Wirtschaft und Alltagsleben in Finnland.
- Schweden - Finnland, N. Schwirtz & W. Wiesniewski, Landbuch Verlag. Bei diesem Naturreiseführer stehen Landschaften, Tiere und Pflanzen im Mittelpunkt, zahlreiche biologische Hintergrundinformationen.

Zeitschriften

- Merian Finnland, Hoffman und Campe Verlag. Verschiedene interessante Beiträge zu den Themen Tango, Bären, Holzindustrie, Hüttenleben und ein kurzer Bericht von einer Bärenrundenwanderung.
- Outdoor 1/96, rotpunkt Verlag. Erlebnisbericht über eine Schneeschuhwanderung auf der Bärenrunde.
- Geo 12/98, "Das große Schweigen." Einstimmung auf die finnische Mentalität.

Karten

- Empfehlenswert für eine Wanderung auf der Bärenrunde ist die Wanderkarte "Rukatunturi - Oulanka" im Maßstab 1:40.000.
- Eine Übersicht über die Paddeltouren liefert die finnische Paddelkarte "Kuusamon Melonkartta", mit deutschsprachigem Begleitheft. Beim

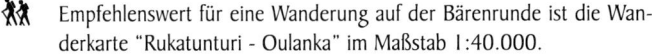

Fremdenverkehrsamt in Kuusamo erhältlich. Zur Orientierung reicht sie allerdings nicht aus, besser geeignet sind die Karten Kuusamo 1:100.000 oder GT 13 und 15.

Die Karten, mit Ausnahme der "Kuusamon Melonkartta", sind problemlos in gut sortierten geographischen Buchhandlungen in Deutschland, der Schweiz und Österreich sowie vor Ort im Fremdenverkehrszentrum in Kuusamo erhältlich. Sie können sich aber auch direkt wenden an:

♦   Kartenzentrum (Karttakeskus), Unioninkatu 32, FIN-00170 Helsinki.

Mitternachtssonne

Im Hochsommer geht in Nordfinnland die Sonne nicht unter und scheint vom 13. Juni bis zum 1. Juli, da die Erdachse dann um 23,5°auf der Umlaufbahn geneigt ist. Je nördlicher ein Ort liegt, desto länger dauern diese Polartage.

Am Nordpol geht die Sonne für ein halbes Jahr nicht unter, bis sich am 22. Dezember die Verhältnisse umkehren. Nun ist die Südhalbkugel der Sonne zugeneigt, und auf der Polkappe der Nordhalbkugel herrscht Polarnacht, in Finnland "Kaamos" genannt. Im Vergleich zu Mitteleuropa sind die Tage in Finnland zu Weihnachten deutlich kürzer.

Mücken

Die Mückensaison beginnt um Mittsommer (21. Juni) und endet Anfang bis Mitte August. Das Mückenaufkommen ist abhängig von der Schneemenge im Winter, der Feuchtigkeit des Frühjahrs und der Hitze des Sommers.

Ein kleiner Trost: nur die Weibchen stechen - um die Aufzucht der Jungen zu sichern. Es hilft Ihnen wahrscheinlich nicht viel, wenn es überall juckt und summt, aber immerhin sorgen diese Mückenlarven für eine Durchmischung des Wassers und somit für Ihr sauberes Trinkwasser. Eine einzige Mückenlarve filtert bis zu einem Liter Wasser pro Tag.

Hinweise zu (in)effektiven Schutzmaßnahmen gibt es viele: einige empfehlen helle Kleidung, andere schwören auf Knoblauch. Furchtlose greifen zu den Mitteln der chemischen Industrie (bezeichnenderweise heißt die finnische

Variante "Off!"), und manche versuchen, den Blutsaugern mit elektronischen Summern den Garaus zu machen. Das wahre Gegenmittel existiert nicht. Was meiner Erfahrung nach die Plage in Grenzen hält, ist ein trockener, windiger Platz, ein dichtes Innenzelt und in ganz schlimmen Fällen ein Moskitonetz für den Kopf.

Outdoor-Aktivitäten

Kuusamo ist nicht nur die ideale Umgebung für ausgedehnte Paddel- und Wandertouren, sondern auch für viele weitere Aktivitäten. Zahlreiche Spezialreiseveranstalter bieten die Möglichkeit, eine neue Sportart unter der Leitung eines erfahrenen Führers kennenzulernen.

Im Sommer können Sie die Stromschnellen des Kitkanjoki im Rafting-Boot erleben, Kuusamo per Rad oder Pferd entdecken oder sich die Gegend beim Parasailing aus der Luft anschauen. Obwohl man es bei den geringen Höhenunterschieden nicht erwarten sollte, sind selbst Klettertouren möglich.

Besonders der Winter bietet eine Vielzahl an Aktivitäten. 400 km präparierte Loipen unterschiedlicher Schwierigkeitsgrade stehen dem Skilangläufer zur Verfügung. Auch geführte Touren und Kurse werden angeboten. Neben dem Langlauf bietet das Wintersportzentrum Ruka die Möglichkeit zu allen alpinen Disziplinen - vom Abfahrtslauf bis zum Snowboarding. Außerdem werden Schneemobilfahrten angeboten, wobei das Spektrum von geführten Safaris bis hin zu selbständigen Touren auf markierten Trails reicht.

Wenn Ihnen das knatternde Schneemobil zu laut ist, können Sie auch an einer Schlittenhundetour oder einer Schneeschuhwanderung teilnehmen oder sich im Eislochangeln versuchen. Eine besondere Herausforderung bietet sicher das Eisklettern an der Eiswand von Ruka oder in der Schlucht von Korouma.

- Rukapalvelu Oy, Safaritalo, 93825 Rukatunturi, ☎ 08/8608600, FAX 08/8608601, 🖥 <www.rukapalvelu.fi>
- Rukakeskus Oy, 93825 Rukatunturi, ☎ 08/8681231, FAX 08/8681761, 🖥 <www.ruka.fi>
- Green 'n White Adventures Ltd., Kirkkotie 23, 93600 Kuusamo, ☎ FAX 08/8511401, 🖥 <www.koillismaa.fi/~knet566/GWA>

♦ Kuusamon Erä-Safari Oy, Kitkantie 71, 93600 Kuusamo,
☎+FAX 08/853196.

♦ Kitkan Safarit Oy, Juumantie 134, 93600 Kuusamo, ☎+FAX 08/853458,
🖳 <www.safari.kitkansafarit.fi>

♦ Stella Polaris Adventures, Torangintaival 2, Matkailukeskus Karhuntassu,
93600 Kuusamo, ☎ FAX 08/8523122, 🖳 <www.koillismaa.fi/stellapolaris>

♦ Polarstar Tours Oy, Uunikulmantie 1, 93825 Rukatunturi,
☎ 08/8681594, FAX 08/8681599, 🖳 <www.polarstar.fi>

Reisedokumente

Finnland ist seit Anfang 1997 Mitglied des Schengener Abkommens. Ein gültiger Personalausweis oder Reisepaß reicht für die Einreise aus. Kinder unter 16 Jahren benötigen einen Kinderausweis.

Reisen in Finnland

Das Inlandsflugnetz in Finnland ist eines der dichtesten der Welt. Sternförmig werden von Helsinki aus 22 Flughäfen regelmäßig, zum Teil mehrmals täglich, angeflogen.

"Das finnische Bahnnetz ist rund 6.000 km lang und verbindet alle wichtigen Städte des Landes", soweit die Broschüre der Finnischen Zentrale für Tourismus. Kuusamo gehört offensichtlich nicht zu den wichtigen Städten des Landes, denn eine Bahnanbindung gibt es nicht.

☺ Die einfache Fahrt von Helsinki nach Oulu kostet FIM 282. Wenn Sie nicht nur für eine Wanderung auf der Bärenrunde nach Finnland gekommen sind, bietet der Finnrailpaß der Finnischen Staatsbahnen eine günstige Möglichkeit, Finnland mit der Bahn zu entdecken.

Er berechtigt zu unbegrenztem Zugfahren, ist für drei, fünf oder zehn Tage innerhalb eines Monats gültig und kostet je nach Zeitraum FIM 600, FIM 810 oder FIM 1090 in der zweiten Klasse.

♦ VR Ltd. Finnische Staatsbahnen, ☎ 09/7075706, 🖳 <www.vr.fi>

🚌 Aufgrund des begrenzten Schienennetzes ist es verständlich, daß dem Busverkehr in Finnland eine besondere Bedeutung zukommt; dementsprechend hervorragend ausgebaut ist das Netz. Abgestimmt auf die Fahrpläne von Zug, Flugzeug und Schiff bringen moderne, komfortable Busse Sie an fast jeden Ort in Finnland, und das zu moderaten Preisen.

ℹ️ Fahrplanauskünfte: ☎ 0200/4000, Mo bis Sa 7:00 bis 21:00, So 8:00 bis 21:00.

☺ Ab 80 km Fahrstrecke gibt es eine Rückfahrtsermäßigung von 10%, für FIM 350 gibt es eine Karte, die zwei Wochen gültig ist und mit der Sie 1.000 km zurücklegen dürfen.

◆ Oy Matkahuolta, Lauttasaarentie 8, 00200 Helsinki, ☎ 09/682701, FAX 6922864, 🖥 <www.matkahuolto.fi>

Reisezeit

Am schönsten zum Wandern ist zweifellos der Herbst, "Ruska" auf finnisch. Wenn ab Ende August die Tage kürzer werden, bereiten sich die Pflanzen auf den Winter vor. Das Chlorophyll wird abgebaut und zusammen mit Proteinen und Mineralstoffen im Holz und in den Wurzeln eingelagert. Die Blätter der Laubbäume liefern dann ein prächtiges Farbenspiel. Das Spektrum reicht vom Grün der Sträucher über das leuchtende Gelb der Birken bis zu den Rottönen von Ebereschen und Zwergbirken in den Mooren. Ein weiterer Vorteil des Herbstes ist die spürbare Abnahme der Mückenplage - allerdings werden die Nächte schon sehr kalt, bereits im September müssen Sie mit Nachtfrösten rechnen. Ab Oktober fällt der erste Schnee.

Die wärmsten und trockensten Monate sind Juni, Juli und August. Es werden Temperaturen von bis zu 20° erreicht, die Sonne verschwindet nur für kurze Zeit oder überhaupt nicht hinter dem Horizont. Allerdings ist der Störfaktor Mücke zu dieser Zeit auch am häufigsten.

Der Winter ist mit nahezu sechs Monaten die längste Jahreszeit. Temperaturen von -20° bis -30° sind keine Seltenheit. Durch die Trockenheit der Luft sind diese Extremtemperaturen aber viel leichter zu ertragen, als sich zunächst vermuten läßt. Für Wintertouren besonders geeignet sind März und April, da die Tage dann deutlich länger werden. Allerdings sind diese mit bis zu 75 cm auch die schneereichsten Monate.

Obwohl jede Jahreszeit ihren besonderen Reiz hat, ist der kurze Frühling von Mai bis Juni sicher die ungeeignetste Wanderzeit. Die Schneeschmelze verwandelt die Landschaft in einen matschigen Sumpf - nicht umsonst heißt der Oulankajoki "der über das Ufer Tretende".

Sauna

Wenn von Finnland gesprochen wird, fällt als erstes der Beiname "Land der tausend Seen", und fast im selben Atemzug wird mit hoher Wahrscheinlichkeit die "Sauna" genannt - wohl das einzige finnische Wort, das international auf Anhieb verstanden wird. Laut Statistik gibt es in Finnland 1,4 Mio Saunen, d.h. auf dreieinhalb Finnen kommt eine Sauna.

Die Urform der Sauna, die Rauchsauna, ist heute weitgehend von der Ofensauna abgelöst worden. In früheren Zeiten war die Sauna nicht nur ein Platz zum Waschen, sondern auch der Ort, an dem die Kinder geboren wurden und an dem man sich um die Kranken kümmerte. Ein altes finnisches Sprichwort lautet: "Wenn Schnaps, Teer und Sauna nicht helfen, ist die Krankheit tödlich."

Deutsche Saunagänger werden schnell die Unterschiede zur finnischen Sauna feststellen. Nur Mitglieder derselben Familie oder allenfalls sehr gute Freunde gehen gemeinsam in die Sauna, ansonsten herrscht strikte Geschlechtertrennung. Die Temperaturen sind nur mäßig bei hoher Luftfeuchtigkeit; nur kurze Zeit vergeht, bis die nächste Kelle Wasser zischend auf dem Ofen verdampft. Aufgüsse "löylyt" mit ätherischen Ölen sind in Finnland unbekannt.

Während in Deutschland wahre Glaubenskriege um den richtigen Saunagang gefochten und dicke Bücher mit Saunaregeln verfaßt werden, ist in Finnland erlaubt, was Spaß macht. Das Bier zwischen den Saunagängen gehört genauso dazu wie das Schlagen mit biegsamen Birkenzweigen, um die Poren zu öffnen und die Schweißbildung anzuregen.

Mindestens ebenso wichtig wie das Schwitzen in der Sauna ist die Prozedur danach. Man kann gemütlich auf der Terrasse abkühlen oder sich im Winter im Schnee wälzen. Hartgesottene können außerdem einer finnischen

Besonderheit, dem Eislochschwimmen (avantouinti), frönen. So schlimm wie es sich anhört, ist es nicht. Das Unangenehmste dabei sind die kalten Füße, die man sich auf dem Weg zum Eisloch und zurück unweigerlich holt.

Sprache

"Finnisch - das hat doch irgendwie was mit Ungarisch zu tun, oder?" - ja und nein. Richtig ist, daß Finnisch zu den finno-ugrischen Sprachen gehört und (sehr) entfernt mit dem Ungarischen verwandt ist. Beide Sprachen haben gemeinsame Vorfahren, die allerdings ab 2000 v. Chr. getrennte Wege gingen, so daß es nicht verwundert, wenn sich Finnen und Ungarn heute ohne Fremdsprachenkenntnisse oder Dolmetscher nicht verständigen können. Enger verwandt ist Finnisch mit dem Estnischen. Die finno-ugrischen Sprachen werden weltweit von nur etwa 20 Mio Menschen gesprochen, und zwar in Mittel- und Osteuropa sowie Westsibirien.

Finnisch gilt als schwer erlernbar, was vor allem darauf zurückzuführen ist, daß es weder mit den skandinavischen noch indogermanischen Sprachen verwandt ist.

Im Finnischen gibt es keine Artikel und nur wenige Präpositionen. Diese werden zumeist durch Fälle des Substantivs ersetzt, z.B.: "metsä" = Wald, "metsässä" = im Wald.

161 Verbformen und 15 Fälle sind bestimmt ein harter Brocken für denjenigen, der Finnisch lernen will. Einen Lichtblick gibt es allerdings: jedes Wort wird genau so ausgesprochen, wie es geschrieben wird und immer auf der ersten Silbe betont. Probieren Sie es doch einmal aus: Ausspracheübung heißt auf Finnisch "ääntämisharjoituksia".

Zweite offizielle Amtssprache ist neben Finnisch auch Schwedisch. Die ca. 300.000 schwedischsprachigen Finnen leben vor allem im Schärengürtel, an der Südküste und am Bottnischen Meerbusen (☞Land und Leute, Bevölkerung). Da nur etwa fünf Millionen Menschen Finnisch als Muttersprache sprechen, verwundert es nicht, daß viele Finnen gute Fremdsprachenkenntnisse besitzen. Eine Verständigung auf Englisch, oftmals sogar Deutsch, stellt kaum ein Problem dar. Um Ihnen das Lesen der finnischen Landkarten etwas zu vereinfachen, gibt es im Anhang eine Liste der wichtigsten in den Karten verwendeten Begriffe (☞ Fremdsprech).

Telefon

Die Privatisierung des Telefonwesens ist schon sehr weit fortgeschritten. Um ins Ausland zu telefonieren, haben Sie die Wahl zwischen drei Netzanbietern: 990 (Sonera), 994 (Telia) oder 999 (Finnet).

Anschließend wählen Sie die Länderkennzahl (49 für Ⓓ, 43 für Ⓐ, 41 für ⒸⒽ) und die gewünschte Rufnummer, die Null der Ortsvorwahl, entfällt.

🅸 Informationen zu den Auslandstarifen erhalten Sie unter ☎ 0800/00500 (Sonera), ☎ 0800/4111041 (Telia) oder ☎ 0800/90999 (Finnet).

☏ Die Ländernetzkennzahl aus Deutschland, Österreich oder der Schweiz nach Finnland ist 00358, bei der anschließenden Rufnummer entfällt ebenfalls die Null der Vorwahl.

▶ Entlang der Bärenrunde finden Sie Kartentelefone an den Informationszentren des Nationalparks und in Juuma, wo Sie auch die finnischen Telefonkarten erhalten.

▶ Deutsche Mobiltelefone funktionieren auch in Finnland. Rechnen Sie tagsüber mit etwa DM 2/Min. für ein Gespräch nach Deutschland.

Unterkunft

Entlang der Bärenrunde stehen zahlreiche Übernachtungsmöglichkeiten zur Auswahl: offene Wildmarkhütten, Unterstände und ausgewiesene Zeltplätze (☞ Etappenbeschreibung, Einleitung, Übernachtungsmöglichkeiten). In Kuusamo, Ruka oder Juuma und auf den Paddeltouren können Sie eine größere Zahl touristischer Angebote wahrnehmen.

⚠ Im ganzen Land gibt es etwa 350 **Campingplätze**, davon sind 70 ganzjährig geöffnet. Viele Plätze vermieten auch Hütten für zwei bis sechs Personen mit Kochgelegenheit, Kühlschrank, Heizung und Toilette. Eine Übernachtung für eine Familie (drei Erwachsene plus Kinder) kostet mit eigenem Zelt oder Wohnwagen je nach Platzkategorie zwischen FIM 30 und FIM 90. Sie benötigen eine nationale oder internationale (FICC) Campingkarte. Die nationale Ausweiskarte kann auf jedem Platz für FIM 20 pro Familie erworben werden.

◆   Valtakunnallinen leirintäalueverkosto, c/o Suomen Matkailuliitto, Atomitie 5C, 00370 Helsinki, ☎ 09/6226280, FAX 09/654358.

▶   Mehr als 200 **Feriendörfer** und über 10.000 **Ferienhäuser** stehen dem Urlauber zur Verfügung, die meisten allerdings im Saaima-Seengebiet. Die Preise für Ferienhäuser betragen je nach Ausstattung und Größe zwischen FIM 150 und FIM 350 pro Tag für ein Ferienhäuschen für vier Personen.

☞   **Hotels** bieten meist gehobenen Standard. Dusche, Radio, Telefon und Fernseher gehören ebenso dazu wie Sauna und Swimmingpool. Entsprechend der Ausstattung haben die Hotels natürlich ihren Preis.

▶   Eine günstigere Alternative zu den Hotels sind **Sommerhotels** und **Fremdenheime**, die einen etwas geringeren Komfort bieten. Fremdenheime sind oft Familienbetriebe mit meist gemeinschaftlichen Sanitäreinrichtungen, Café und Frühstücksmöglichkeit. Sommerhotels sind häufig Studentenwohnheime, die vom 1. Juni bis zum 31. August geöffnet sind. Ein Familienzimmer kostet zwischen FIM 35 und FIM 110 und kann über den Finnischen Jugendherbergsverband reserviert werden.

🏠   Insgesamt gibt es 140 **Jugendherbergen** (Finnhostels). Viele haben nur im Sommer geöffnet. Die Ausstattung reicht vom Mehrbettschlafraum bis zum Familienzimmer mit zwei bis vier Betten. Oft sind die Herbergen mit einer Küche ausgestattet, so daß Sie sich selbst versorgen können.

Die Preise variieren von FIM 60 bis ca. FIM 150 für ein Zimmer. Inhaber eines Jugendherbergsausweises erhalten ein Ermäßigung von FIM 15 pro Person und Tag.

◆   Finnischer Jugendherbergsverband, Yrjönkatu 38B, FIN-00100 Helsinki, ☎ 09/6940377, FAX 09/6931349, ✍ <info@srm.inet.fi>

▶   Etwa 100 **Ferienquartiere**, meist auf dem Lande, bieten die bekannte Möglichkeit des **Bed & Breakfast**. Der Preis für eine Übernachtung mit ausgiebigem Frühstück liegt zwischen FIM 140 und FIM 160. Die Quartiere sind in der Regel nicht markiert und somit schwer zu finden.

◆   Lomarengas, Malminkaari 23 C, FIN-00700 Helsinki, ☎ 09/35161321, FAX 09/35161300.

📖   Empfehlenswert für die Planung Ihres Finnland-Urlaubes ist die Broschüre "Günstig übernachten", die bei der Finnischen Zentrale für Tourismus erhältlich ist. Sie gibt einen Überblick über Sommerhotels, Fremdenheime, Bed & Breakfast-Quartiere, Jugendherbergen, Campingplätze und Feriendörfer. Außerdem gibt es dort auch einen separaten Hotelführer.

Veranstaltungen in Kuusamo

März Rajalta rajalle. Geführter Skilanglauf, der südlich des Polarkreises entlang der russischen zur schwedischen Grenze führt. Die Teilnehmer sind 7 Tage auf diesem mit 444 km längsten Skimarathon der Welt unterwegs.

▶   Scandream. Dieses Hundeschlittenrennen startet in Kuusamo. Dann verläuft die Route über Rovaniemi, Posio und Kemijärvi. Über Salla geht es zurück nach Kuusamo.

   ◆ Jony Elomaa, FIN-93999 Kuusamo, ☎ 08/855791, FAX 08/855792.

April Skirennen in Ruka.

Mai   Geführte Kanutouren auf Savinajoki, Oulankajoki und Kuusinkijoki. Informationen bei:

   ◆ Kuusamon Koskimelojat, Matti Vendelin, ☎ 0400/225054.

Juni Raftwettbewerb auf dem Kitkajoki für Firmen. Informationen bei

   ◆ Rukapalvelu Oy, ☎ 08/8608600.

▶   Finnische Meisterschaften im Vogelschauen, bei der die Teilnehmer versuchen, möglichst viele Vogelarten zu erkennen. Informationen bei:

   ◆ Olli Lamminsalo, ☎ 0500501706, ✉ <inaria.studio@kolumbus.fi>
   ◆ Heikki Seppänen, ☎ 0400/582058, ✉ <heikki.seppanen@nls.fi>

▶   Ruderwettkampf auf dem Kuusamojärvi. Ansprechpartner:

   ◆ Ilkka Kervonen, ☎ 08/8512575; Aimo Jokiranta, ☎ 08/8521623.

Juli Bärenfest. Straßenfest auf der Hauptstraße Kitkantie in Kuusamo. Tagsüber werden Waren aus der Region angeboten, abends verwandelt sich der Asphalt in ein Tanzparkett.

▶   Wildwasser-Kanukurs auf dem Kitkajoki. Ansprechpartner: Kuusamon Koskimelojat (s.o.).

▶   Angelwettbewerb am Kitkajoki. Informationen bei:

   ◆ Matti Torkkola, ☎ 08/8521322.

▶ Festtage von Kuusamo im Freilichtmuseum. Finnen in traditionellen Kostümen zeigen, wie in vergangenen Zeiten gelebt und gearbeitet wurde.

September

▶ Naturfotowettbewerb in der Stadthalle. Informationen bei:

♦ Lassi Rautiainen, ☎ 08/6133900.

Wetterbericht/Nachrichten

Natürlich hängt der Spaß einer Outdoor-Tour entscheidend vom Wetter ab. Während Sie auf einer Wanderung bei schlechtem Wetter nur naß werden oder frieren, kann eine Paddeltour auf einem der offenen, weiten Seen bei starkem Wind problematisch und sogar gefährlich werden. Es ist auf jeden Fall ratsam, bei der Überquerung eines großen Sees auch das Wettergeschehen bei der Planung zu berücksichtigen.

Der finnische Rundfunk sendet täglich Nachrichten in Fremdsprachen. Deutsche Nachrichten und den Wetterbericht gibt es täglich bei Radio Suomi auf 95.1 MHz um 23:06.

Überregionale Zeitungen (Süddeutsche Zeitung, Welt, FAZ) erhält man an den R-Kiosken in Kuusamo, zu erkennen an dem blauen Schriftzug auf gelbem Grund (🕐 Mo bis Sa 8:30 bis 21:30, So 10:00 bis 21:30).

Im Sommer veröffentlichen viele finnische Zeitungen einige Nachrichtenspalten auf Deutsch und den Wetterbericht auf Englisch. Falls Sie nur eine finnische Zeitung erhalten sollten, ist es wichtig zu wissen, daß K (="korkeapaineen alue") für ein Hochdruckgebiet steht und M (="matalapaineen alue") ein Tiefdruckgebiet kennzeichnet.

📖 Wetter, M. Hodgson & M. Schrader, OutdoorHandbuch Basiswissen für Draußen, Conrad Stein Verlag, ISBN 3-89392-113-3, DM 12,80

Zeit

In Finnland gilt osteuropäische Zeit, d.h. Sie müssen Ihre Uhr bei der Ankunft um eine Stunde vorstellen.

Die
Bärenrunde

Der Oulanka Nationalpark

Die finnische Regierung hat zur Bewahrung der ursprünglichen Natur zahlreiche Schutzgebiete eingerichtet. Insgesamt gibt es in Finnland 32 Nationalparks, die die charakteristischen Merkmale der jeweiligen Naturlandschaft erhalten sollen.

Der Oulanka-Nationalpark liegt im südlichen Nordfinnland auf dem Gebiet der Gemeinden Kuusamo und Salla. Er grenzt im Osten an den 1992 gegründeten Nationalpark Paanajärvi in Rußland. Mit einer Größe von 270 km² ist er damit der größte finnische Nationalpark südlich des Polarkreises.

Schon früh erkannte man die besondere Bedeutung und Schönheit des Oulanka-Flußtals. In einem Zeitungsartikel von 1897 wurde erstmals die Gründung eines Nationalparks in der Region Kuusamo vorgeschlagen. 1910 wollte ein Komitee in einem Memorandum die Gebiete um den Oulankajoki, den Savinajoki und den Kitkajoki unter Naturschutz stellen. 1926 entwickelt Professor K. Linkola einen Plan zur Gründung von Naturschutzgebieten auf staatlichen Arealen, der auch die Region Kuusamo beinhaltete. Auf der Grundlage dieses Plans verabschiedete die Regierung zwar 1928 ein Gesetz, welches aber nicht vom Präsidenten bestätigt wurde, weil die Landbesitzverhältnisse in den Gemeinden Kuusamo und Salla ungeregelt waren.

Da in der Region Kuusamo die zur Gründung des Nationalparks notwendige Flurbereinigung nicht rechtzeitig abgeschlossen wurde, gehörte dieses Gebiet nicht zu den Natur- und Nationalparks der ersten Stunde. Zu den ersten Nationalparks in Finnland wurden 1938 die Gebiete Pallas-Ounastunturi und Pyhätunturi in Lappland erklärt.

1956 erfolgte die Verabschiedung eines Gesetzes, das zwölf neue Naturparks und sieben neue Nationalparks auswies. Darunter auch ein 107 km² großes Gebiet in Kuusamo, das deutlich kleiner ausfiel als 1926 vorgeschlagen.

Das Nationalpark-Komitee sah 1976 eine zweistufige Erweiterung des Gebietes vor. 1982 kam ein Moorgebiet nördlich des alten Parks hinzu, 1989 wurde auch das Urwaldgebiet Kitkanniemi in den Nationalpark eingegliedert, und der Park erhielt seine heutige Größe.

Seit 1992 arbeitet der Oulanka-Nationalpark eng mit dem Paanajärvi-Nationalpark zusammen. Ziel des "Von Oulanka zu Paanajärvi"-Projektes ist die gemeinsame Aufnahme in das Welterbe der Unesco.

Weiterhin sollen die Entwicklungs- und Forschungsarbeit vertieft und die Infrastruktur auf der russischen Seite dem internationalen Standard angeglichen werden sowie die Fremdsprachenkenntnisse des Parkpersonals verbessert werden.

Prägend für den Nationalpark ist der in das Weiße Meer mündende Oulankajoki mit seinen Nebenflüssen Kitkanjoki, Savinajoki, Maaninkajoki und Aventojoki. Charakteristisch sind mächtige Kiesablagerungen, in die die Flüsse durch Erosion steile Abhänge geschnitten haben sowie zahlreiche tiefe Schluchten, die ebenfalls durch die Flüsse entstanden. Die Wassermassen bilden rasende Stromschnellen und stürzen in zahlreichen spektakulären Wasserfällen in die Tiefe. Die bekanntesten Wasserfälle Kiutaköngäs (14 m Gefälle auf 100 m), Taivalköngäs und Jyrävä sind alle entlang der Bärenrunde zu bewundern.

Die Natur des Nationalparks wird bestimmt durch einzigartige Lebensräume mit einer reichhaltigen Pflanzenwelt in den Flußtälern. An den schattigen Hängen wachsen viele Pflanzen, die sonst in Lappland oder weiter östlich vorkommen, an den sonnigen Hängen leben viele südliche Arten. Außerhalb der Flußtäler wird das Gebiet durch Kiefern- und Fichtenwälder, Heideflächen und, besonders im nördlichen Teil, durch Moore geprägt. Letztere sind ein bedeutendes Brutgebiet für zahlreiche seltene Vogelarten, z.B. Kranich, Auerhuhn, Singschwan, Bruchwasserläufer, Prachttaucher, Grünschenkel und Steinadler.

Die ersten Menschen, die im Gebiet des heutigen Nationalparks lebten, waren die Samen. Da die Rentierhaltung noch unbekannt war, lebten sie als jagende und fischende Halbnomaden.

Noch heute erinnern einige Ortsnamen an diese ursprüngliche Form der Jagd. Die Rentiere wurden an Engstellen getrieben, an denen Gatter (finnisch: hangas, Ortsname Hangasjärvi) oder Fallgruben (finnisch: ruoppa, Ortsname Ruoppiharju) gebaut wurden.

Ab dem 17. Jh verdrängten die Finnen die Samen nach Norden. Sie begannen mit Viehhaltung und Ackerbau. Für die Viehhaltung benötigte man Heu, das zuerst auf natürlichen Wiesen gemäht wurde. Diese Form der Naturwiesenwirtschaft wurde bis in die 50er Jahre des 20. Jhs betrieben.

Ende des 18. Jhs begann man, weiteres Weideland zu gewinnen, indem man die Sümpfe entlang der Flußläufe eindämmte. Später wurde auch der

Wasserspiegel der Seen gesenkt, um an den Ufern neue Weideflächen zu schaffen. Die Straße, die den Nationalpark durchquert und von Käylä nach Liikasenvaara führt, wurde 1935 fertiggestellt.

Ein Jahr im Oulanka-Nationalpark

Der Winter ist mit sechs Monaten die längste Jahreszeit. Offizieller Winteranfang ist der kürzeste Tag des Jahres, der 21. Dezember. Häufig erscheinen Polarlichter am Himmel. Im Januar kommen die Jungen der Braunbären in den Überwinterungshöhlen zur Welt.

Der Februar ist der kälteste Monat des Jahres. In den Wäldern hört man knackende Geräusche, wenn bei starkem Frost die Rinde der Bäume reißt. Rauhreif ummantelt die Äste, und unter dieser Last knicken Zweige, Äste oder sogar ganze Baumwipfel ab. Die Brunft der Wölfe und Füchse beginnt, die Elche stoßen ihre Geweihe ab.

Gegen Ende des Februars werden die Tage länger und die Intensität der Sonnenstrahlen steigt. Erste Wassertropfen können sich bilden und zu Eiszapfen gefrieren, die von den Baumzweigen herunterhängen. Die oberste Schneeschicht verharscht und die Rentiere brechen beim Gehen ein. Im März beginnt die Brunft des Luchses.

Der Frühling dauert nur einen Monat, im Mai schmilzt die Schneedecke schnell ab. Wenn das erste Eis auf den Seen geschmolzen ist, treffen zuerst die Singschwäne ein und beginnen mit der Balz. Die Mehrzahl der Zugvögel folgt, und Elch sowie Ren beginnen zu kalben. Die ersten Kraniche fliegen ab Ende Mai in die Sümpfe.

Der 21. Juni ist der längste Tag des Jahres und markiert den Anfang des Sommers, der knapp drei Monate dauert. Die letzten Zugvögel, wie Pirol und Sumpfrohrsänger, kommen an. Wiesen blühen urplötzlich auf; in den Niederungen der gelbe Frauenschuh, an schroffen Felswänden der Silberwurz, an den Bachufern die Sumpfdotterblume. Die Mückenplage wird besonders schlimm an den wärmsten Tagen des Jahres, im Juli.

Der Herbst kündigt sich Ende August an, wenn die Tage deutlich kürzer werden und die ersten Nachtfröste auftreten. Die Multebeeren sind reif, die Wälder stehen voller Pilze. Der Unglückshäher trägt seine Wintervorräte zusammen: Pilze, Beeren und Insekten werden in Baumritzen und unter

Ästen deponiert. Im September fliegen die Kraniche nach Süden, und die Wälder leuchten in der Farbenpracht der Ruska. Im Oktober treten die Singschwäne ihren Flug nach Süden an, es fällt der erste Schnee, und die Seen frieren zu.

Die Bärenrunde auf einen Blick

❶	Hautajärvi	-	❺	Savilampi, 15 km
❺	Savilampi	-	❻	Taivalköngäs, 4 km
❽	🅿 an der Straße nach Salla	-	❿	Ristikallio, 5 km (*Variante der 1. Etappe*)
❿	Ristikallio	-	⓫	Puikkokämppä, 2,2 km
⓫	Puikkokämppä	-	❻	Taivalköngäs, 1,8 km
❻	Taivalköngäs	-	⓮	Oulanka 🛈, 9 km
⓮	Oulanka 🛈	-	⑳	Ansakämppä, 6 km
⑳	Ansakämppä	-	㉓	Jussinkämppä, 9 km
㉓	Jussinkämppä	-	㉘	Jyrävä, 14 km
㉘	Jyrävä	-	㉚	Juuma, 3 km
㉚	Juuma	-	㉜	Porontimajoki, 8 km
㉜	Porontimajoki	-	㊳	Ruka, 14 km

Die Bärenrunde ist eine 80 bis 95 km lange Wanderroute, die größtenteils durch den Nationalpark Oulanka verläuft. Der Pfad führt Sie an den bekanntesten Sehenswürdigkeiten dieser Region vorbei: **Rupakivi-Felsen**, **Oulanka-Canyon**, die Wasserfälle **Taivalköngäs**, **Kiutaköngäs** und **Jyrävä**. Die Wanderroute ist hervorragend mit orangefarbenen Markierungen ausgeschildert.

Eine Wanderung von Norden nach Süden hat den Vorteil, daß Sie in ebenem Gelände beginnen und gleich die schönsten Sehenswürdigkeiten zu Gesicht bekommen. Bei einem Start im Süden, in Ruka, müssen Sie gleich zu Beginn große Steigungen bewältigen. Deshalb entscheiden sich die meisten Wanderer für einen Start in Ristikallio bzw. Hautajärvi. Eine nicht zu verachtende Tatsache, denn wenn Sie gegen den Strom wandern, kommen Sie aus dem "Hei, hei"-Sagen wahrscheinlich nicht mehr heraus.

Die Touren im Überblick

0　　5 km　　10 km

E20

Irni

Irnijärvi

Iso-Kero
Kuusamon
Suupetokeskus

E63

i **4**

Poussu

Soivio

Iijärvi

Kuusamo

Kuusamojärvi

Kantokylä
Törmäsenvaara

Heikkilä

Muojärvi

Kiittanä

Joukamojärvi

Kärpänkyl

Piikstammi

Rußland

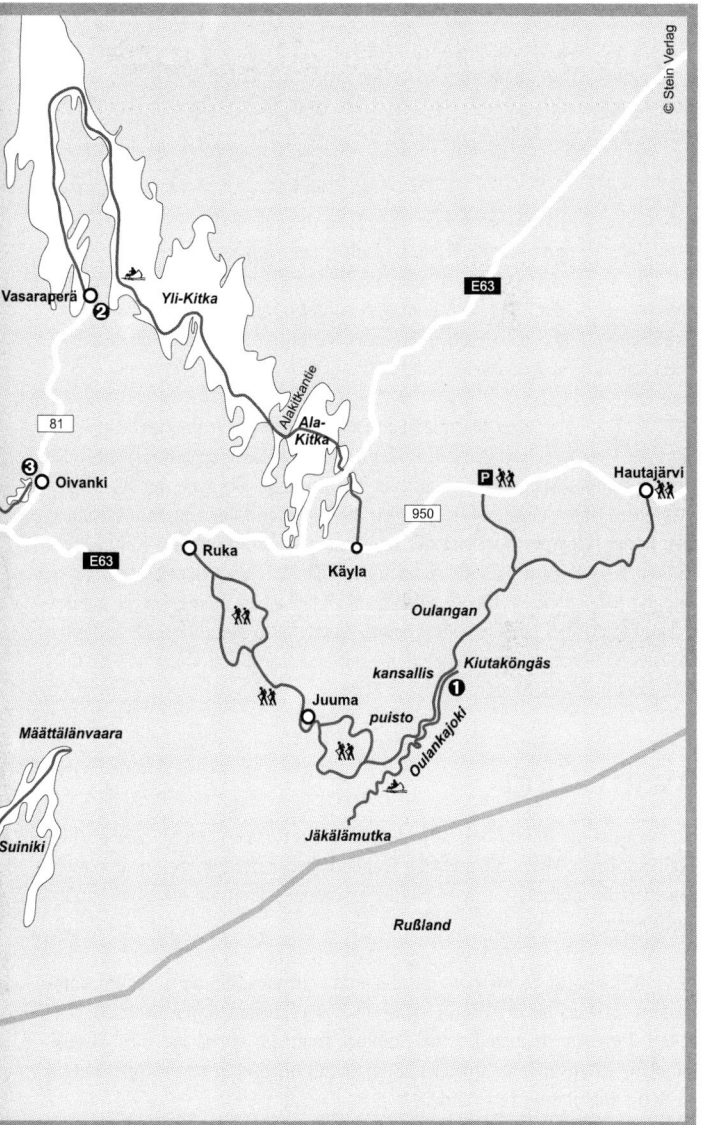

Bei einem Start im Norden haben Sie zwei Varianten. Entweder Sie starten am Informationszentrum in Hautajärvi ❶, oder Sie entscheiden sich für die etwas kürzere Ristikallio-Variante ❽.

Hinweis: Die negativ dargestellten Ziffern dienen der besseren Orlentlerung auf den Kartenskizzen.

☺ In diesem Buch wird die Bärenrunde in Nord-Süd-Richtung beschrieben. Falls Sie sich entscheiden, in die entgegengesetzte Richtung zu laufen, beenden Sie Ihre Tour in Hautajärvi oder Ristikallio und können von dort im Sommer mit dem Bus nach Kuusamo zurückfahren.

♦ Abfahrtszeiten ab Hautajärvi Mo bis Sa 7:35, Mo bis Fr und So 14:35, ab Ristikallio Mo bis Sa 7:45; Mo bis Fr 15:00, So 14:50.

Vom Startpunkt am Informationszentrum von Hautajärvi führt der Weg zum Savinajoki-Flußufer und dort entlang bis zur Hängebrücke von Savilampi. Weiter geht es zu den Taivalköngäs, wo auch der Ristikallio-Zweig der Bärenrunde auf den Weg trifft. Der Pfad folgt nun dem Oulankajoki. In der Nähe des Nationalpark-Informationszentrums an den Kiutaköngäs können Sie auf zwei Naturlehrpfaden die Pflanzen- und Tierwelt des Nationalparks kennenlernen. Weiter geht es am Oulankajoki entlang, bis Sie auf den Kitkajoki mit dem spektakulären Jyrävä-Wasserfall treffen. Danach verlassen Sie den Nationalpark, und über den Konttainen und den Valtavaara geht es zum Endpunkt der Bärenrunde nach Ruka.

Ausrüstung

Für die gesamte Bärenrunde von Hautajärvi bis Ruka sollten Sie vier bis fünf Tage einplanen. Wenn Sie auch die Gegend abseits der Bärenrunde erkunden wollen (z.B. Oulanka-Canyon, Naturlehrpfade), sollten Sie etwas mehr Zeit mitbringen.

✋ Wichtig ist es, sich mit ausreichend Lebensmitteln einzudecken (mindestens für zwei bis drei Tage), denn unterwegs bestehen nur zwei Möglichkeiten, Proviant einzukaufen. Im Sommer kann der Vorrat um die "Basics" (Nudeln, Tütensuppen, Grillwürstchen) im Informationszentrum Oulanka und im Retki-Etappi erweitert werden.

▶   Wer Finnland kennt, weiß, daß die Finnen beim Wandern auf Gummi-
stiefel schwören. Zwar führt die Bärenrunde teilweise durch Moor- und
Sumpfgebiet, aber an allen Stellen, an denen es naß wird, sind Bohlenstege
gebaut worden, so daß normale Wanderstiefel völlig ausreichen.

Übernachtungsmöglichkeiten

▢   Entlang des Pfades stehen viele Wildnishütten kostenlos zur Verfügung. Es sind jeweils ein Ofen, meist auch Feuerholz, Säge und Axt vorhanden.

✋   Obwohl an der Bärenrunde in Tagesabständen komfortable Wildmarkhütten eingerichtet sind, ist es auf jeden Fall sinnvoll, nicht auf ein Zelt zu
verzichten, denn im Sommer und zur Zeit der Ruska wird es teilweise voll und
schnell eng in den Hütten.

⛺   Im Nationalpark sind Plätze ausgewiesen, an denen das Zelten erlaubt
und meist eine 🔥 Feuerstelle vorhanden ist.

⌂   Außerdem wurden entlang der Bärenrunde zahlreiche Laavus und
Kotas eingerichtet. Laavus sind den Unterständen, in denen die Menschen in
der Vergangenheit während der Zeit des Heumachens schliefen, nachempfun-
den. Es sind dreieckförmige Unterstände, die zu Vorderseite hin offen sind.
Davor befindet sich meist eine Feuerstelle. Kotas sind pyramidenförmig nach
dem Vorbild der Zelte der Samen mit einer Feuerstelle in der Mitte.

Kuusamo

⮎   Helsinki 804 km, Oulu 212 km, Rovaniemi 191 km, Turku 848 km
     18.000 Ew., ⇧ 250 m ü.d.M, ◑ 08.

ℹ   Fremdenverkehrszentrum Karhuntassu, Torangintaival 2, FIN-93600 Kuusamo,
     ☎ 08/8502910, Fax: 08/8502901, 🖳 <www.travel.fi>
     📧 <ktassu@kuusamo.fi> tgl. 🕘 9:00 bis 19:00, ✗ Mo-Fr 🕘 9:00 bis 19:00,
     Sa 🕘 10:00 bis 17:00, So 🕘 10:00 bis 16:00.

🚌   Im Norden des Stadtzentrums, Keskuskuja 1, Fahrzeiten der Busse zu den Ausgangspunkten der Bärenrunde (☞ Reise-Infos von A-Z, Anreise ...von Kuusamo zur Bärenrunde).

✈   Flughafen etwa 6 km außerhalb im Nordosten, tgl. zwei Verbindungen nach Helsinki.

✚   Hospital, Kuusamon Kunnan Tervesyskeskus, im Stadtzentrum, Raistakantie, 93600 Kuusamo, ☎ 08/8504330.

💊   Uusi Aptekki, Kitkantie 21, ☎ 08/8522103.

◆   Kuusamon Apteekki, Vanttajantie 7, ☎ FAX 08/8522228.

📮   Post in der Nähe des Marktplatzes im Stadtzentrum, an der Kreuzung der Straßen Kelantie und Vanttajantie.

BANK   Diverse Banken und Geldautomaten finden Sie entlang der Straße Kitkantie.

🛏   Kuusamon Tropiikki Spa, Kylpyläntie, 93600 Kuusamo,
☎ 08/85960, FAX 08/8521909, ✏ <mypa.kuusamo@kt.inet.fi>
🛏 ganzjährig, Übernachtung ab FIM 650/Doppelzimmer, Ferienhütten.

◆   Sokos Hotel Kuusamo, Kirkottie 23a, 93600 Kuusamo, ☎ 08/85920,
FAX 08/8521263, Übernachtung FIM 770/Doppelzimmer.

◆   Hotel Martina, Ouluntie 3, 93600 Kuusamo, ☎ 08/8522051, FAX 08/8522054,
🛏 ganzjährig, Übernachtung ab FIM 160/Person.

🏠   Kuusamon Kansanopisto, Kitkantie 35, 93600 Kuusamo, ☎ 08/8522132,
FAX 08/8521134, 🛏 1.6. bis 31.8. Übernachtung für Nichtmitglieder FIM 60 bis FIM 105/Person, Frühstück (reichhaltiges Buffet) FIM 25.

⛺   Rantatropiikki Camping Kylpyläntie, 93600 Kuusamo, ☎ 08/85960,
FAX 08/8521901, 🛏 ganzjährig.

◆   Petäjälampi, Petäjälammentie, 93600 Kuusamo, ☎ 08/8521111, 🛏 1.6.-15.9.

◆   Matkajoki Camping, Saunalampi, 93600 Kuusamo, ☎ 08/851270 2, 🛏 1.6.- 30.9.

✗   Zahlreiche Restaurants unterschiedlicher Preisklassen entlang der Hauptstraße Kitkantie und in den Hotels Kuusamon Tropiikki Spa sowie Sokos. Am Markt, an der Kreuzung von Kitkantie und Ouluntie, haben einige Imbißbuden bis Mitternacht geöffnet.

🛒   Zahlreiche große Supermärkte im gesamten Stadtgebiet, Mo-Fr 🛏 9:00 bis 20:00, Sa 🛏 9:00 bis 18:00.

◆   besonders lange Öffnungszeiten haben u.a. Valintalo, Kitkantie, Mo-Fr 🛏 8:00 bis 21:00, Sa 🛏 8:00 bis 18:00, So 🛏 12:00 bis 17:00, Spar, Tavajärventie 1, Mo-Fr 🛏 7:00 bis 21:00, Sa 🛏 9:00 bis 18:00, So 🛏 12:00 bis 21:00.

◆   Outdoor-Ausrüstung bei: Matkamuistoha, Kesport (beide Kitkantie) sowie Kuusamon Kalastus (Ouluntie).

⌘ Freilichtmuseum, in dem einige ältere Gebäude einen Eindruck der Lebens- und Arbeitsbedingungen vergangener Zeiten vermitteln, in Tolpanniemi am See Kuusamojärvi südöstlich des Stadtzentrums, 14.6. bis 13.8. Mo-Sa ⟨⟩ 12:00 bis 18:00, 16.8. bis 27.8. Mo bis Fr ⟨⟩ 9:00 bis 15:00.

Wenn Sie das erste Mal nach Kuusamo kommen, werden Sie wahrscheinlich am liebsten sofort wieder umkehren wollen. Kuusamo ist gelinde gesagt häßlich. Im Zweiten Weltkrieg wurde es 1944 total zerstört. Wer viel Zeit hat, kann einen Blick in die Kirche (täglich ⟨⟩ 9:00 bis 21:00) oder in das Heimatmuseum werfen. Ansonsten gibt es keine touristischen Sehenswürdigkeiten.

Den Reiz dieser Stadt macht ihre Umgebung aus. Kuusamo liegt in einem der schönsten Teile Finnlands. Diese Region ist sowohl von der uralten Kultur der Samen als auch von den später eingewanderten Finnen geprägt.

Die Gemeinde Kuusamo liegt in der Provinz Oulu und erstreckt sich über eine Fläche von 5.805 km². Die nördliche Gemeindegrenze reicht fast bis zum Polarkreis, 130 km der östlichen grenzen an Rußland.

Die Stadt wurde 1868 gegründet und 1880 lebten dort 6.750 Menschen. Heute beträgt die Einwohnerzahl 18.000. 60 % der arbeitenden Bevölkerung sind im Dienstleistungsbereich beschäftigt. Von großer Bedeutung ist die Land- und Forstwirtschaft: im Gebiet von Kuusamo werden etwa 11.000 Rentiere gehalten.

1. Etappe: Hautajärvi - Savilampi - Taivalköngäs (19 km)

Die Bärenrunde beginnt direkt neben dem Informationszentrum ❶. Dort können Sie in begrenztem Umfang Proviant, Landkarten und Angellizenzen erwerben. Außerdem informieren eine wechselnde Ausstellung und Diavorträge über die Natur des Nationalparks. Weiterhin gibt es eine Zusammenstellung der im Gebiet vorkommenden Gesteinsarten und Moortypen.

♦ Informationszentrum Hautajärvi, 98995 Hautajärvi, ☎ 016/839651, FAX 016/839657, 15.2. bis 31.5. ⟨⟩ 10:00 bis 16:00, 1.6. bis 14.8. ⟨⟩ 9:00 bis 18:00, 15.8. bis 30.9. ⟨⟩ 10:00 bis 18:00, 1.10. bis 31.10. ⟨⟩ 10:00 bis 16:00
🔢⛺✕☎

Sie beginnen Ihre Wanderung am Holztor mit der Aufschrift "Karhunkier-ros". Der Pfad verläuft in südöstliche Richtung, und nach 150 m treffen Sie auf einen Holzschuppen, an dem der Pfad sich gabelt.

🏃 Nach links zweigt ein etwa 1 km langer Naturlehrpfad ab. Die Tafeln entlang des Weges liefern Informationen zu verschiedenen Baumarten und Bodentypen. Eine Broschüre mit den deutschen Texten ist im Informations-zentrum erhältlich.

Die Spuren der Zivilisation verblassen nur langsam. Zuerst laufen Sie ent-lang einer Stromleitung, der Motorenlärm von der Straße Kuusamo - Salla klingt allmählich ab. Sie wandern über einen Feldweg, den Sie auf Höhe des weißen Hauses verlassen.

Es geht durch ein kurzes Stück Wald und über eine offene Wiese mit zwei Scheunen. Anschließend erreichen Sie über einen weiteren Feldweg den Kön-kaälampi. Das Gebiet ist von den Maschinen der Holzernte zerfurcht und bewächst erst langsam wieder.

Kurze Zeit später erreichen Sie, etwa 3 km hinter dem Startpunkt, die *Nationalparkgrenze*. Der Pfad führt durch einen verträumten Wald und über drei kleine Sumpfflächen. Umgefallene Bäume mit dicken Moospolstern säu-men den Weg.

Nach weiteren 3 km vernehmen Sie leise das stetige Rauschen des *Savina-joki*, das immer lauter wird, bis Sie das Flußufer bei ❷ mit △ ♨ ⛺ erreichen.

Es geht am Westufer des *Savinajoki* weiter. Hinter den *Savina-Köngäs* führt ein kleiner Pfad nach rechts zu einer neu errichteten, nicht in den Karten ver-zeichneten Kota bei ❸.

3 km hinter der Kota erreichen Sie den *Rupakivi*, einen charakteristischen Felsen in der Flußmitte, der, aus der richtigen Perspektive mit einem beacht-lichen Maß Phantasie betrachtet, an die Figuren auf der Osterinsel erinnert.

Nach einem knappen Kilometer führt ein kleiner Weg nach links zum ❹ mit △ und ♨ am Flußufer.

Sie erklimmen einen zerfurchten, mit Moos bewachsenen Felsen. Nun geht es stetig über ein paar kleinere Hügel auf und ab. Der Pfad verläßt dann das Ufer des rauschenden *Savinajoki* und führt steil bergan. Auf der linken

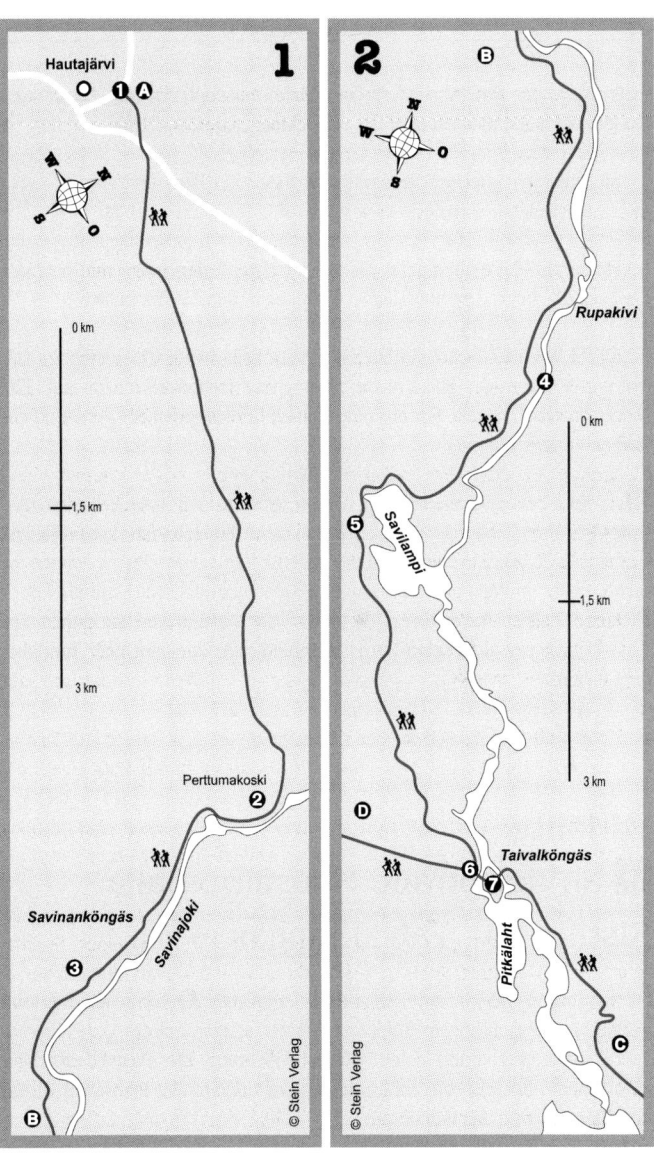

Seite taucht der *Savilampi* auf, in dem *Oulankajoki* und *Savinajoki* zusammen fließen. Nach rechts führt ein Pfad zum *Oulankajoki-Canyon* 🏠

❺ Sie laufen am Ufer des Sees weiter. Ein steiniger Pfad führt zur...

❺ Savilampi-Hütte, 10 bis 15 Personen, ⌂ 🌿

Hinter der Hütte überqueren Sie auf der ersten Hängebrücke der Tour den *Oulankajoki*, der aus nordwestlicher Richtung in den *Savilampi* fließt.

Der 4 km lange Abschnitt bis zur Taivalköngäs-Hütte **❻** ist leicht zu laufen und weist weder Hindernisse noch große Höhendifferenzen auf. Der kleine *Puikko-Oja*, den Sie auf einer Holzbrücke überwinden, markiert die Halbzeit dieser Etappe.

🏠 Kurz bevor Sie die Hütte erreichen, eröffnet sich Ihnen ein eindrucksvolles Panorama über das Oulankajoki-Tal. Unter Ihnen in der Tiefe schlängelt sich der Fluß dahin, um hinter einem malerisch gelegenen Holzschuppen am rechten Ufer im Wald zu verschwinden. Flechtenbewachsene, schroffe Felsen glänzen zwischen den Bäumen, die sich an das steile, linke Ufer krallen. Die *Taivalköngäs* rauschen schon im Hintergrund. Nach ausgiebigem Rundblick geht es zur

❻ Taivalköngäs-Hütte, 20 Personen, ⌂ 2 Etagen, Gaskocher.,

❼ Ⓐ Insel im Oulankajoki nach der 1. Hängebrücke,

Variante:

🅿 an der Straße Kuusamo-Salla - Ristikallio - Taivalköngäs (9 km)

Die Bärenrunde beginnt am Südende des Parkplatzes **❽**. Sie gehen die Holztreppe hinunter, auf einem Bohlensteg weiter, steigen auf der gegenüberliegenden Seite bergan und laufen in östliche Richtung. Der Wegverlauf ist gut zu erkennen. Bei feuchter Witterung erschweren zahlreiche rutschige Steine und Baumwurzeln das Wandern.

Nachdem Sie die *Nationalparkgrenze* erreicht haben, schwenkt der Weg nach Nordosten. Der Pfad führt durch Kiefern- und Fichtenwald und trifft nach 2 km auf den *Aventojoki*. Nach ca. 300 m erreichen Sie eine Feuerstelle **9**.

Danach entfernt sich der Pfad vom Flußer und verläuft weiter in nordöstlicher Richtung durch Kiefern- und Fichtenwald. Hinter dem Waldsee geht es steil bergan.

Sie erklimmen ein ca. 50 m hohes Felsplateau mit einem Panorama über den *Aventojoki*.

Nach einer scharfen Serpentine blicken Sie auf eine seeartige Erweiterung des Flusses, an der auch die Ristikallio-Hütte **10** zu finden ist. Von der Hütte haben Sie einen spektakulären Blick auf 20 m hohe Felswände,

10 Ristikallio-Hütte, 10 Personen, ⌂ ♨ 🔥 🏕 Felsenlandschaft zwischen zwei Schluchten, romantisch am See.

Der Pfad verläuft für kurze Zeit entlang des Seeufers weiter. Der Weg ist einfach zu laufen und führt durch einen lichten Kiefernwald. Dann entfernt er sich in nordwestliche Richtung vom Ufer, und es geht bergan.

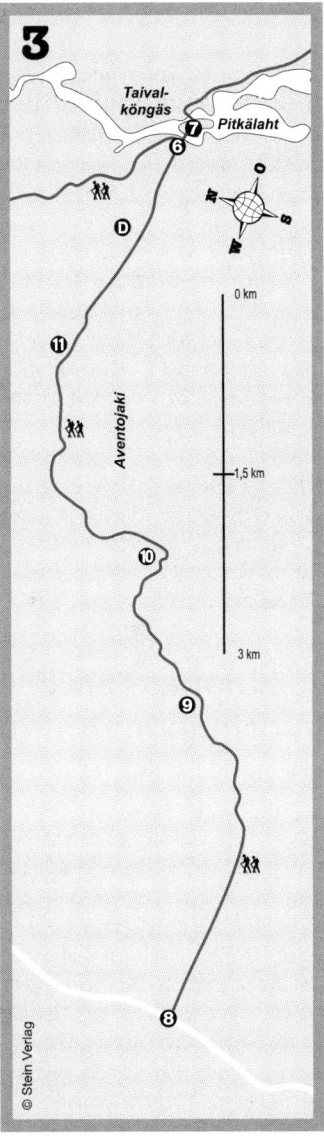

Oben angekommen, erblicken Sie den *Maanijoki* und seine Mündung in den *Aventojoki*. Sie überqueren den Maanijoki auf einer Holzbrücke. Danach wird der Weg breiter und führt Sie in nordöstlicher Richtung durch einen lichten Kiefernwald. 2,2 km hinter der Ristikallio-Hütte treffen Sie auf den *Vaulu-lampi*. An dessen Nordufer liegt die

⓫   Puikkokämppä, ⌂ 10 bis 15 Personen, 🔥 ⅄

Die Bärenrunde verläuft in Richtung Osten durch mit Mooren bedecktes Waldland. Nach knapp 2 km treffen Sie auf einen kleinen Tümpel, den Sie auf der Südseite umrunden. Dahinter gelangen Sie an eine Kreuzung. Von links kommt die Hautajärvi-Route der Bärenrunde.

> ☺ Ein kurzer Abstecher nach links auf dem Hautajärvi-Pfad lohnt sich auf jeden Fall, denn von oben eröffnet sich Ihnen ein eindrucksvolles Panorama über den Oulankajoki.

Zur Taivalköngäs-Hütte **❻** geht es rechts über zahlreiche Treppenstufen bergab. Sie liegt am Westufer des *Oulankajoki* oberhalb zweier Stromschnellen.

❻   Taivalköngäs-Hütte, ⌂ 20 Pers, 2 Etagen, Gaskocher.

❼   ⅄ auf der Insel im Oulankajoki nach der ersten Hängebrücke.

2. Etappe: Taivalköngäs - Oulanka-Informationszentrum (8,0 km)

Sie überqueren die Hängebrücke hinter der Hütte und gelangen auf eine Insel im Fluß. An der Abzweigung halten Sie sich links. Sie erreichen eine zweite Hängebrücke und steigen anschließend auf der Holztreppe nach oben. Am großen Felsbrocken halten Sie sich rechts, überqueren die dritte, 20 m lange Hängebrücke und erreichen das Ostufer des *Oulankajoki*.

Es geht zuerst steil bergauf, dann wird der Weg breit und sehr einfach zu laufen. Er führt durch ein wild anmutendes, dicht bewachsenes Waldstück. Das Auge entdeckt links und rechts des Weges moosbewachsene Baumstümpfe, Ameisenhaufen und Flechten, die wie Lametta von den Ästen der Bäume hängen. Vom Sturm gefällte Fichten und Kiefern recken die zerfransten Stämme in den Himmel oder sind komplett umgestürzt und offenbaren nun den mächtigen Wurzelteller und die feinen Haarwurzeln.

Vermodernde Stämme, abblätternde Rinde und kleine, junge Bäume erzählen die immerwährende Geschichte vom Werden und Vergehen in einem gesunden Wald.

Das grüne Polster am Boden entpuppt sich beim genaueren Hinsehen als ein Mosaik aus Krähen-, Vogel- und Preiselbeeren, Moos und Flechten. Bei gutem Wetter schillert im Hintergrund der *Oulankajoki* in der Sonne.

Nach etwa 1,5 km macht der Weg einen Schlenker, und Sie laufen am *Kiekerööja* stromaufwärts.

Nachdem Sie ihn überquert haben, geht es am entgegengesetzten Ufer wieder in Richtung *Oulankajoki* zurück.

Der Weg wird breiter und der Boden sandiger. Palisadenartig reihen sich Kiefern Stamm an Stamm.

Etwa 2 km führt der Pfad an das Ufer des *Runsulampi* ⑫ 🔺 ⚑

Danach wird das Gelände leicht hügelig. Die dicht an dicht wachsenden, jungen Bäume am Wegesrand vermitteln Ihnen das Gefühl, durch ein überdimensionales Maisfeld zu laufen, wären dazwischen nicht überall die schwarzen, verkohlten Stümpfe. Waldbrände, die durch

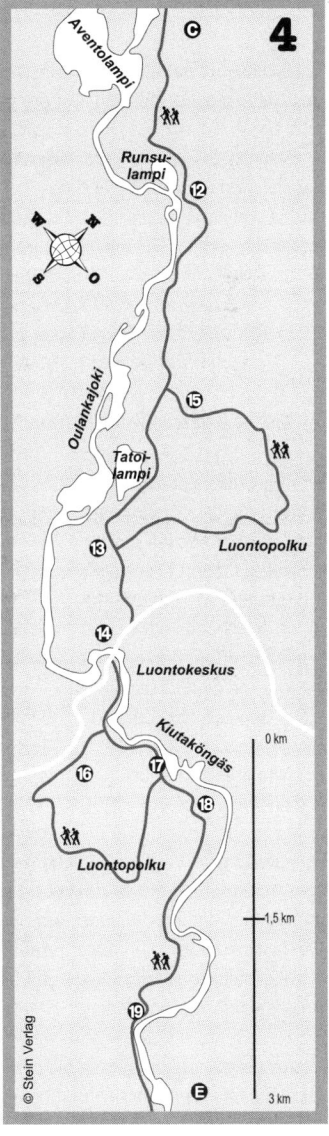

Blitzschlag auf natürliche Weise entzündet werden, kommen auf dem Gebiet des Nationalparks etwa ein Mal pro Jahrhundert vor.

Danach folgen Sie dem Wegweiser "Luontokeskus". Der Pfad verläuft parallel zum *Oulankajoki* in südöstliche Richtung. Sie überqueren ein Bächlein und laufen am Nordufer des *Talvilampi* weiter. Der Weg wird von einer kümmerlichen, lichten Fichtenvegetation gesäumt und Sie erreichen

⓭   Oulanka-Nationalpark-Campingplatz (Oulangan kansallispuiston leirintäalue), Liikasenvaarantie 139, 93999 Kuusamo, ☎ 0205/646855, FAX 646851.

      ◫ 1.6. bis 31.8., Übernachtung im Zelt FIM 27,50/Person, Sauna, Hüttenvermietung (FIM 200/Tag, FIM 1.200/Woche/4 Pers.) 🚌 ⛺ 🚲 ✕ 🖃 ☎

Um die Bärenrunde fortzusetzen, halten Sie sich hinter dem Campingplatz rechts.

Nach knapp einem Kilometer treffen Sie auf eine Straße, die aus Richtung Käylä kommt, auf der Sie ein kurzes Stück nach rechts laufen, vorbei an *einer* biologischen Forschungsstation, die dem naturwissenschaftlichen Institut der Universität Oulu untersteht.

☺ Eine interessante Möglichkeit ist es, die Wanderung auf der Bärenrunde mit einer Kanutour auf dem Oulankajoki zu verbinden (☞ Kanutouren, Tour 1). Sie können am Campingplatz ein Boot mieten, eine Tagestour auf dem Oulankajoki machen und sich abends von der Aussatzstelle abholen und zum Campingplatz zurückbringen lassen.

Aufgabe der Station ist die wissenschaftliche Erforschung der Wälder, Sümpfe, Gewässer sowie der Luft. Ein wichtiges Projekt ist die Kontrolle der Luft- und Wasserqualität und die Überwachung von Umweltveränderungen. Weitere Forschungsschwerpunkte sind u.a. die Entstehung bzw. Veränderung des *Oulankajoki*-Flußtals, die Bestandsaufnahme der Flora und Fauna, das Produktionsniveau von Fichtenwäldern und die Folgen der Waldaufsplitterung für Vögel. Außerdem berät die Forschungsstation die Forstverwaltung bei der Pflege und Nutzung des Nationalparks, z.B. bei der Anlage von Naturlehrpfaden.

Anschließend überqueren Sie den *Oulankajoki* auf einer Brücke; bis 1939 setze man hier mit einer Fähre über. Nach etwa 200 m erreichen Sie

⑭ Oulanka-Nationalpark-Informationszentrum, Liikasenvaarantie 132, 93999 Kuusamo, ☎ 0205/646850, FAX 0205/646851, ✎ <oulanka@metsa.fi>
🖥 <www.metsa.fi/luo/lkeskus/oulanka> 15.2. bis 30.4. 🗐 10:00 bis 16:00, 1.5. bis 14.6. 🗐 10:00 bis 18:00, 15.6. bis 14.8. 🗐 10:00 bis 20:00, 15.8. bis 30.9. 🗐 10:00 bis 18:00, 1.10. bis 31.10. 🗐 10:00 bis 16:00. Ausstellung, Bibliothek, Dia-, Video- und CD-Rom-Vorführungen 🛈 🖃 ✕ ⚓

🚌 Vom Informationszentrum nach Kuusamo, Mo bis Fr 6:45, 15:15, Mo bis Sa 8:00, So 15:00.

Der Oulankajoki hinter den Kiutaköngäs

🚶 Naturlehrpfade / Keroharjuroute

⑮ Der *Rytisuo-* oder *Rytilampi-Lehrpfad* ist ebenfalls etwa fünf Kilometer lang und startet am Oulanka Nationalpark-Campingplatz. Tafeln informieren über die Geschichte des Nationalparks, Entwicklung der Landwirtschaft und über Flora und Fauna des Gebiets. Eine Broschüre zu diesem Pfad ist nur in englischer Sprache erhältlich.

⓰   Der *Hiddenlampi-Naturlehrpfad* beginnt am Informationszentrum und führt Sie auf einem etwa fünf Kilometer langen Rundkurs durch charakteristische Abschnitte des Nationalparks.

☺   Da die Texte auf den Tafeln in finnisch verfaßt sind, sollten Sie sich die Broschüre über den Hiddenlampi-Naturlehrpfad im Informationszentrum kaufen. Darin sind alle Erläuterungen entlang des Pfades auf deutsch übersetzt.

Auf zahlreichen Tafeln werden typische Tier- und Pflanzenarten vorgestellt. Weiterhin gibt es nähere Informationen zur Geologie und die Prozesse der Talbildung werden erläutert.

Darüber hinaus wird auch das Wirken des Menschen und sein Einfluß auf das Landschaftsbild dargestellt.

🏃🏃   Die *Keroharjuroute* ist 14 km lang und verläuft auf einem eiszeitlichen Moränenrücken durch die charakteristischen Moore im Norden des Nationalparks.

Sie beginnt an einer ehemaligen Grenzwachstation am See Niitselysjärvi und führt dann durch kiefernbestandene Waldmoore, die Heimat von Kranich und zahlreichen Watvogelarten sind, und kleine bewaldete Höhenrücken. Auf halber Strecke können Sie in der Keroharju-Hütte übernachten. Der Wanderweg endet an der Straße von Isokuusiko in der Nähe des Kiutaköngäs-Informationszentrums. Start- und Endpunkt sind nicht mit öffentlichen Verkehrsmitteln zu erreichen.

3. Etappe: Oulanka-Informationszentrum - Jussinkämppä (15 km)

Am Informationszentrum vorbei geht es am Westufer des *Oulankajoki* auf der Bärenrunde weiter. Nach ungefähr 500 m überqueren Sie links eine Holzbrücke und befinden sich direkt an den *Kiutaköngäs*. Auf insgesamt 600 m Länge stürzen die Wassermassen 14 m hinab. Nach der Schneeschmelze im Mai kann der Wasserspiegel so stark steigen, daß sogar die Insel überflutet wird.

An dieser Stelle des *Oulankajoki*-Tals treffen zwei verschieden harte Gesteine aufeinander. Die steile südliche Uferwand besteht aus Quarz, die nördliche dagegen aus rötlichbraunem Dolomit, dessen Farbe vom darin enthaltenen Eisen stammt. Dolomit ist weicher als Quarz, und der Fluß kann hier leichter einschneiden.

Der große "Topf" am Fuße des ersten Wasserfalls ist vor 9.500 Jahren entstanden.

Punktuell konnten solche Gletschertöpfe entstehen, wo die erodierende Kraft des Eises alte Gesteinsmassen freilegte, und das unter hohem Druck stehende Schmelzwasser sich unter den Gletschern in den Felsgrund bohrte.

Wahrscheinlich ist die *Kiutaköngäs*-Schlucht auch der erste Ort in der Region Kuusamo, der von Menschen besiedelt worden ist. Archäologen fanden hier Quarzsplitter aus der Steinzeit.

Sie wandern über die Insel, laufen am Ende über eine zweite Holzbrücke und setzen Ihre Wanderung fort.

⑰ Am Ende der Holztreppe befindet sich 🔥

Sie gehen am Westufer des Flusses weiter, an der Abzweigung nach etwa 100 m laufen Sie geradeaus.
⑯ Nach rechts zweigt der *Hid-*

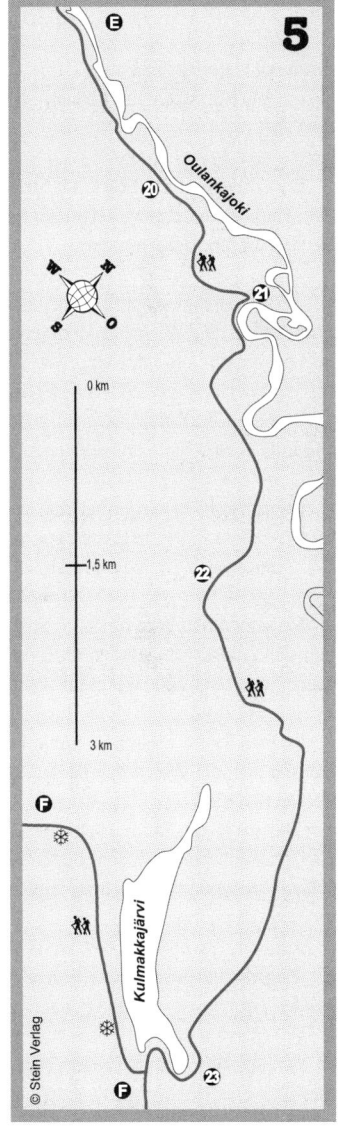

denlampi-Naturlehrpfad ab.

⓲   Am Holzschuppen können Sie nach links ins Flußtal hinabzusteigen, dort **⛺**

Der Weg führt ein Stück am Steiluferabhang entlang, bis Sie schließlich zum Flußufer hinabsteigen. Um zur Feuerstelle **⚑** bei **⓳** zu treffen, müssen Sie den *Merenoja* überqueren.

✋ Jetzt können eventuell übriggebliebene Wintermarkierungen etwas Verwirrung stiften. Die Wintermarkierungen bestehen aus orangefarbenem Plastikband und führen vom Ufer weg. Sie folgen den bereits bekannten, mit Farbe gemalten Markierungen und laufen gut einen Kilometer am Flußufer entlang. Die Vegetation im Flußtal ist grün und üppig: hochwachsende Kerzenfichten, große Birken, Farn und Himbeersträucher.

Danach geht es wieder bergauf, und der Weg führt oben am Steilufer weiter. Nach links führt die Holztreppe zur Ansakämppä **⓴** hinab.

⓴   Ansakämppä, ⌂ 10 bis 15 Personen, Gaskocher, Anlegemöglichkeit für Kanu.

Sie setzen den Weg oben am Steilufer, mit einer imposanten Aussicht auf den sich dahinschlängelnden *Oulankajoki*, fort. Schilfgürtel, feine Sand- und grobe Schotterstrände wechseln sich ab.

Im Fluß liegen zahlreiche Inseln mit kleinen Tümpeln. An flachen Stellen kräuselt sich die Wasseroberfläche. Kiefern krallen sich am steil abfallenden Ufer in den Kies.
 Die mächtigen Sandufer sind ein Produkt der letzten Eiszeit. Während die Gletscher abschmolzen, schichteten sie bei ihrem Rückzug mächtige Erdmassen auf, in die der Fluß sich bis heute tief eingeschnitten hat.

Auf dem Hochufer wächst ein lichter Kiefernwald mit einem Unterwuchs aus Heidekraut und Krähenbeeren. Diese Pflanzen kommen mit dem tiefliegenden Grundwasser und dem nährstoffarmen Boden besonders gut zurecht.

㉑   Ungefähr 1 km nach der Ansakämppä können Sie nach links am Flußufer über eine Holztreppe zu einem **⛺** absteigen.

Die Bärenrunde führt noch ein kurzes Stück das Hochufer entlang, dann knickt der Pfad nach Süden ab. Nachdem Sie ein letztes Mal auf einen Mäanderbogen getroffen sind, können Sie dem *Oulankajoki* "Lebewohl" sagen. Der Weg verläuft nun in einiger Entfernung parallel zum Oulankajoki in Südost-Richtung.

㉒   4 km hinter der Ansakämppä 🏕 🌿

Danach entfernt sich der Pfad immer weiter vom Flußufer und führt schließlich in Richtung Süden. Es wird zusehends morastiger und anstrengender, da es beständig bergan geht. Vor Ihnen taucht der *Kulmakkajärvi* auf. Sie laufen in einiger Entfernung zum Ufer um den See herum, woraufhin sich ein längerer Abschnitt auf einem Bohlensteg durch ein Sumpfgebiet anschließt.

An dessen Ende steigt Ihnen meist schon der Rauch aus dem Grillhäuschen oder von der Lagerfeuerstelle der Jussinkämppä ㉓ in die Nase. Nach einem kurzen Waldstück erreichen Sie die

㉓   Jussinkämppä, ⌂ 20 Personen, Grillhäuschen.

Rentiere am Seeufer

4. Etappe:

Jussinkämppä - Silastupa (15 km)

Von der Hütte aus geht es am Seeufer weiter, dann entfernen Sie sich in Richtung Süden vom See. Nach einem leichten Abstieg haben Sie die Hälfte der Bärenrunde bewältigt. Es folgen Moorüberquerungen auf Bohlenstegen und zahlreiche Abstiege.

㉔ 4,5 km hinter der Jussinkämppä treffen Sie auf die Ylikola, einen Unterstand mit quadratischem Grundriß, pyramidenförmigem Dach und einer Feuerstelle in der Mitte.

Zentrum der traditionellen Kota war der Herd, der aus einem Ring flacher Steine bestand. Darüber hing eine Eisenkette mit Haken, an denen Kochkessel oder Rentierfleisch aufgehängt werden konnten. Das Zelt war in verschiedene Räume aufgeteilt. Die Mitte wurde durch zwei parallele Baumstämme vom Rest des Zeltes getrennt. Die Fläche vom Türpfosten bis zum Herd war der "uksa", ein Vorratsraum für Feuerholz. Hinter dem Herd befand sich die Küche, "boasso" genannt.

Die Räume außerhalb der Stämme waren die Wohn- und Schlafräume ("laido"), deren Boden mit einer dicken Schicht aus Kiefern- und Birkenzweigen ausgelegt war. Geschlafen wurde auf Rentierfellen.

Der Pfad geht hinter der Kota weiter und verläuft nun am Nordufer des *Kitkanjokis*.

㉕ ㉖ Kurz hinter der Kota △ folgen in kleinerem Abstand zwei Laavus ⌂ mit 🔥

Entlang des *Kitkanjoki* ist es schwierig und anstrengend zu laufen. Der Weg ist schmal, außerdem erschweren zahlreiche Baumwurzeln und Steine das Vorankommen. Es geht durch üppige Vegetation am Flußufer und über Geröllhalden. Entwurzelte Bäume, die den Kampf gegen die Schwerkraft am Steilufer verloren haben, liegen quer über dem Weg. Wenige Meter daneben rauscht der *Kitkanjoki* in die entgegengesetzte Richtung. Auf der gegenüberliegenden Seite türmt sich das andere felsig-graue, höhere Ufer auf.

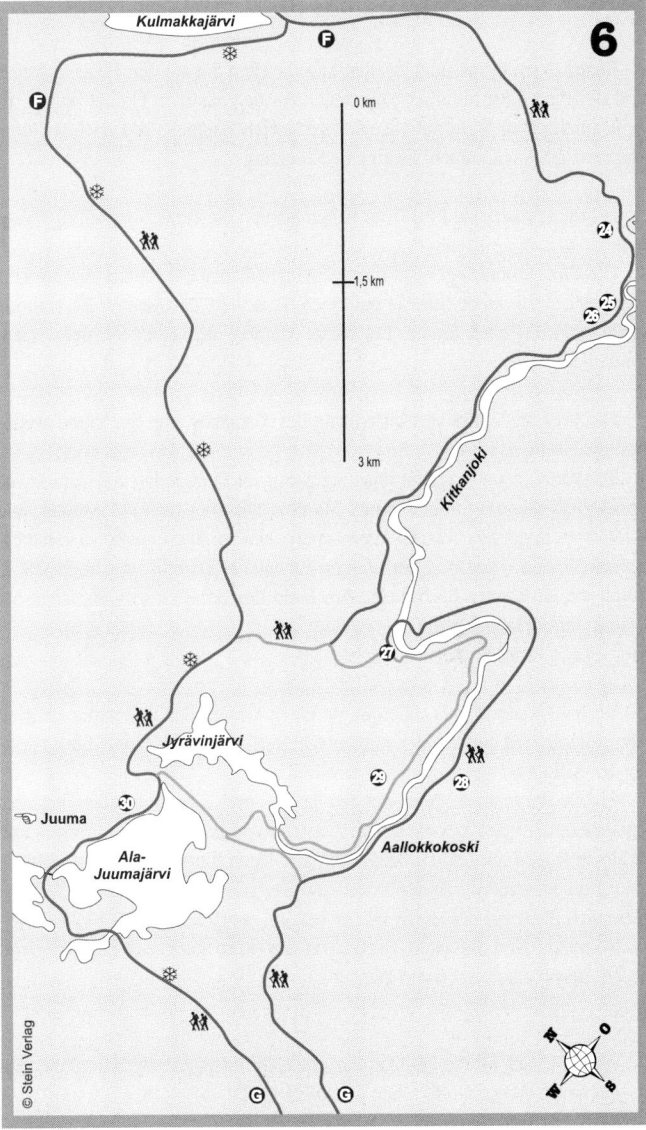

Knapp 2 km hinter dem zweiten Laavu treffen Sie auf den *Petäkikköpuro,* und der Pfad führt Sie über eine steilen Anstieg aus dem Flußtal heraus. Es geht durch einen Wald mit vielen abgeknickten Bäumen, und nach weiteren knappen 1,5 km kommen Sie an eine Kreuzung.

Für die Fortsetzung Ihrer Tour haben Sie nun die Wahl zwischen drei Varianten:

Das Dorf Juuma liegt nicht direkt am eigentlichen Bärenpfad. Nach rechts führt eine 3 km lange Strecke auf einem Abschnitt der Kleinen Bärenrunde (grün markiert) nach Juuma. Bei dieser Variante verpassen Sie den *Jyrävä-*Wasserfall.

Der Weg nach links verläuft entlang des *Kitkajokis,* und Sie haben wiederum zwei Möglichkeiten:

Die Variante am Nordufer führt Sie zum *Jyrävä-*Wasserfall und zum *Mylly-koski.* Der Weg am Südufer bringt Sie ebenfalls zum *Jyrävä-*Wasserfall, und Sie können in der Silastupa ❷❽ übernachten. Um zur Silastupa ❷❽ zu kommen, wählen Sie den linken Weg und steigen auf einer Holztreppe in eine Schlucht, durch die ein kleiner Bach fließt. Am Ende des Bohlensteges erreichen Sie wieder den *Kitkanjoki* und

❷❼   Laavu ⌂ mit ♨

Sie halten sich rechts, überqueren einen kleinen Bach, kommen an eine Abzweigung und müssen sich nun entscheiden, ob Sie am Nord- oder Südufer des *Kitkanjoki* weiter wandern möchten.

Für die Route am Südufer wenden Sie sich nach links und setzen mit dem Ruderboot über den *Kitkanjoki.* Am zweiten Ruderboot gehen Sie vorbei, und in einem Bogen zurück und leicht bergauf. Dann führt der Weg auf zahlreichen Bohlenstegen durch den Wald, und Sie haben rechts Ausblicke auf den *Kitkanjoki.* Kurz vor der Hütte geht es bergab, zuerst kommt das Klohäuschen ins Blickfeld, dann die ganze Hütte. Von der Hütte aus haben Sie eine großartige Aussicht auf den *Jyrävä-*Wasserfall.

❷❽   Silastupa, 12 Personen, ⌂

Wenn Sie sich für die Route entlang des Nordufers entscheiden, finden Sie *am Jyräva-*Wasserfall ❷❾ einen Laavu ⌂ mit ♨

Blick auf die Aallokkokoski

5. Etappe:

Silastupa - Porontimajoki (8 km)

Nach derSilastupa ❷ geht es am Ufer des *Kitkanjoki* weiter. Am *Jyrävä*-Wasserfall führt eine Holztreppe nach oben, und Sie laufen am Steilufer weiter.

🏠   Ausblick auf die *Aallokkokoski*.

Danach entfernt sich der Pfad in nordwestliche Richtung vom *Kitkanjoki*. Sie verlassen den Nationalpark Oulanka, und schlagartig ändert sich das Landschaftsbild: Raupenspuren und verwüstete Wälder zeugen von der Holzindustrie.

Mit einer 1749 durchgeführten, provisorischen Flurbereinigung begann der Holzeinschlag auch im Gebiet des heutigen Nationalparks. Besonders um die Jahrhundertwende kam es zu vermehrten Holzeinschlägen. Die Stämme wurden zum *Oulankajoki* geschleift, um dann zu den Sägewerken geflößt zu werden.

1920 war die Flurbereinigung abgeschlossen, und 1956 wurde der Nationalpark gegründet. Seit dieser Zeit haben keine Holzeinschläge mehr auf dem Gebiet des Parks stattgefunden. Der Unterschied zu den umgebenden Wäldern, die auch nach den 50er Jahren noch genutzt wurden, tritt auf Luftbildern deutlich zutage: der Nationalpark erscheint darauf als eine Waldinsel. Trotzdem gibt es keine Stelle, an der noch nie die Axt gewirkt hat.

☺   Ein Abstecher nach rechts wird mit dem Anblick der Myllykoski belohnt und kann mit einem Kaffee im Retki-Etappi ❸ gekrönt werden.

Einen Kilometer hinter der Hütte treffen Sie auf eine Kreuzung mit einer großen Infotafel über die Wandermöglichkeiten im Gebiet um *Juuma*. Die eigentliche Bärenrunde geht nach links weiter.

✋   Die *Myllykoski*-Hütte wird in den Prospekten des Nationalparks und des Fremdenverkehrsamtes als Übernachtungsmöglichkeit ("restaurierte Mühle") angegeben. Der Innenraum ist aber noch nicht wiederhergestellt. Es sind weder Schlafpritschen noch ein Ofen vorhanden.

Juuma

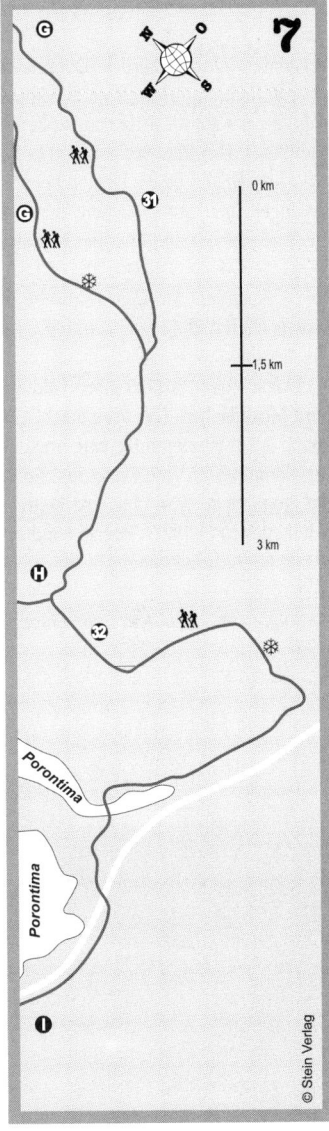

⑳ Retki-Etappi, Juumantie 134,
☎ 08/863218, ▯ 1.6.-30.9.
Sauna, Hütte FIM 170/Tag/4 Pers.,
FIM 300/5 Pers., 🛏 ⚠ ✕ ⚖

◆ Juuman Leirintäalue,
Riekamontie 1, 93999 Kuusamo,
☎ 08/863212, ▯ 20.5. bis 30.9.
Sauna, Hütte FIM 300/Tag/6 Pers.
🚤 15.2. bis 30.9. 🛏 ⚠ ✕ ⚖

◆ Jyrävän Leirintäalue,
Juumantie 129 B, 93999 Kuusamo, ☎ 08/863236, ▯ 1.6. bis
31.8., Hütten FIM 100 bis
320/Tag, 🛏 ⚠ ✕ ⚖

◆ Kitkan Safarit Oy, Juumantie 134,
☎ + FAX 08/853458,
🖥 <www.kitkansafarit.fi>
📧 <safari@kitkansafarit.fi>
tgl. Raftingtouren ab FIM 200

🚌 Nach Kuusamo, nur an Schultagen,
Abfahrtszeiten 7:50, 13:40.

Das kleine, ländliche Dorf *Juuma*
liegt in einer idyllischen Seen- und
Hügellandschaft. Als Ausgangs-
punkt für Wanderungen zum *Jyrävä*-
Wasserfall oder zu den *Myllykoski*
lockt es viele Tagesausflügler an.
Dementsprechend voll wird es in
der Gegend um Juuma.

Sie können Ihren Proviant auffül-
len und einen Imbiß einnehmen.
Nachdem Sie sich ausreichend ge-
stärkt haben, geht es bis zur bereits

bekannten Infotafel zurück. Dann laufen Sie auf einer breiten Holzeinschlag-piste in Richtung Südwesten. Sie kürzen stellenweise durch den Wald ab, um dann wieder auf die Trasse zu stoßen. Nach etwa 1 km verlassen Sie die Piste nach links. Der Pfad verläuft nun in Richtung Süden und führt zwischen dem *Iso-Lumiska* und einem kleinen benachbarten See hindurch. Es geht auf Boh-lenstegen über Sumpfflächen, durch Anpflanzungen mit jungen Kiefern und niedrigen Birken und über einige kleine Bäche.

③   Nachdem Sie zwei Feldwege überquert haben, gelangen Sie an zwei Laavus ⌂ mit ♨

Danach geht es über einen Feldweg und auf Bohlenstegen über zwei grö-ßere Moorflächen. Der Weg macht einen Knick in Richtung Südwesten. Nach knapp 2 km passieren Sie eine breite Straße und gelangen nach einem weite-ren Kilometer an eine Kreuzung. Schräg links hinter einem kleinen Hügel ist die gemütliche Porontimajoki-Hütte **㉜**. Die mit Kaffee, Teebeuteln und Tütensuppen gefüllten Regale kündigen das nahe Ende der Bärenrunde an.

㉜   Porontimajoki-Hütte, ⌂ 4 Personen ♨

Auf dem Valtavaara dem Ende entgegen

Pause am Valtavaara

6. Etappe:
Porontimajoki - Ruka (16 km)

Sie laufen die bekannten 700 m bis zur Kreuzung zurück und dann nach links weiter. Der Weg ist hügelig und wird zu beiden Seiten von einem lichten, niedrigen Wald begleitet. Nach etwa 4 km erstreckt sich auf der rechten Seite ein Sumpf. Sie wandern auf dem Feldweg nach rechts bis zu einer roten Schranke. Auf dem breiten Feldweg danach laufen Sie nach links weiter.

③③ Verlassen Sie etwa 100 m vor dem Laavu die Straße nach rechts. Der nun beginnende Abschnitt bis Ruka **③⑧** ist sicher der anstrengendste Teil der Tour. Der neue Weg führt Sie in einem Bogen nach Westen über

Seit 1999 wurde der Verlauf der Bärenrunde im folgenden Abschnitt geändert und entspricht nicht mehr dem in der Karte eingezeichneten.

den *Iso Kumpuvaara* und den *Mossorinvaara*. Links vor sich sehen Sie schon den *Konttainen*-Gipfel und dahinter das Skigebiet von Ruka. Sie erreichen eine Straße, der Sie kurz in südliche Richtung auf die *Konttainen*-Felsnase zu folgen. Hinter der Grenze eines Naturschutzgebietes (Valtavaaran Luonnon-suojelualue) entspricht der Verlauf der Bärenrunde wieder dem, der in der offiziellen Karte verzeichnet ist.

Sie beginnen den Aufstieg auf den *Konttainen*. Das Panorama entschädigt für die vorangegangen Mühen. Unter Ihnen erstreckt sich das für Finnland so typische, verzahnte Nebeneinander von Wald und Seen, gesprenkelt mit einigen Inseln und Farbklecksen der Holzhütten. Passend zum Berg-Szenario erklingen auch dumpfe Kuhglocken, die allerdings um die Hälse von Rentieren baumeln. Am Horizont erheben sich die sanft gerundeten Kuppen der Tunturi, (= "waldloser Berg", ☞ Fremdsprech). Sie sind typisch für das südliche Lappland.

Es geht steil bergab, unten überqueren Sie eine breite Teerstraße. Es sind nun noch gut 6,5 km bis Ruka ㉝. Sie beginnen mit dem Aufstieg auf den *Valtavaara*. Oben angekommen führt ein schmaler Pfad nach links zum ...

㉞   Laavu △ am *Suolampi* mit 🔥

Der Pfad führt abwechselnd leicht bergauf und bergab. Dann haben Sie die erste Kuppe erklommen und sehen vor sich den *Valtavaara*-Gipfel, den mit 492 m höchsten Punkt der Gemeinde Kuusamo.

㉟   Valtavaaran Maja, ⌂ kleine Tageshütte, es ist aber auch genug Platz, um zwei bis drei Isomatten auszurollen, 🔥

㊱   Von der Hütte folgt ein Pfad zur 200 m östlich gelegenen Kota △, dort meist auch Feuerholz. Etwa 500 m hinter dem Gipfel am *Valtavaaran-lampi* befindet sich ein Laavu ㊲ △, mit 🔥

Vom *Valtavaaran*-Gipfel aus erblicken Sie schon das zerfurchte Ruka-Skigebiet mit der großen Sprungschanze. Es geht noch einmal bergab, über eine Straße, und dann ist zum Abschluß noch der *Rukatunturi* zu überwinden.

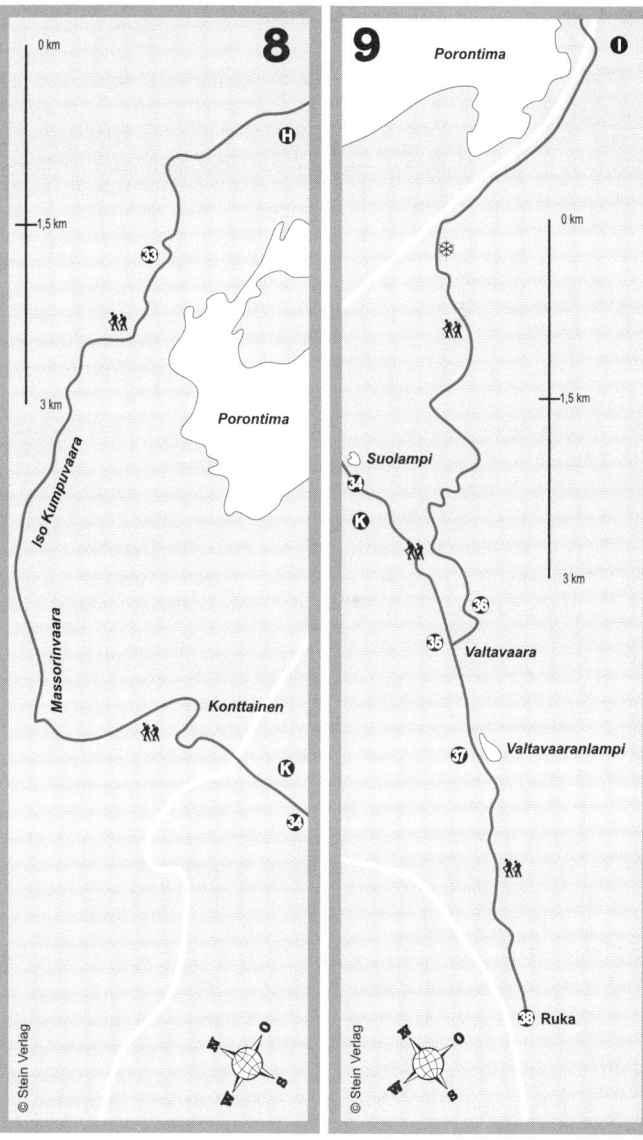

Für dieses letzte Stück können Sie aber getrost die Wanderstöcke und den Fotoapparat einpacken.

Auf einer Holztreppe steigen Sie parallel zur Skipiste, an Schneekanonen vorbei, nach oben. Laufen Sie unter dem Sessellift durch auf die Sprungschanze zu und daran vorbei ins Tal.

Ruka

🛏 Rantasipi Hotel Rukahovi, Rukatunturintie 5, 93825 Rukatunturi, ☎ 08/85910, FAX 08/8681135. 🖥 <www.rantasipi.fi> ✉ <webmaster@restel.fi> 🕒 ganzjährig, Übernachtung ab FIM 750/Doppelzimmer.

◆ Apartmenthotel Rukaklubi, ☎ 08/8681231, FAX 08/8681292, 🕒 ganzjährig, Apartments für 1 bis 6 Personen ab FIM 660/Tag (Sommer).

◆ Hotel Royal Ruka, 93825 Rukatunturi, ☎ 08/8686000, FAX 08/8686100, 🖥 <www.royalruka.fi> 🕒 ganzjährig, Übernachtung ab FIM 600/Doppelzimmer.

◆ Motelli Ukkoherra, Ukkoherrantie, 93825 Rukatunturi, ☎ 08/8681888, FAX 08/8681887, 🕒 ganzjährig, Doppelzimmer ab FIM 350 (Sommer).

◆ zahlreiche Ferienhäuser im Wintersportgebiet, Buchung über Matka-Ruka, ☎ 08/8526511, FAX 08/8526521.

⛺ Viipus Camping, einige km nördlich von Ruka am Viipusjärvi, ☎ 08/8681213, 🕒 5.6.-20.9., Ferienhütten für 6 Pers. ab FIM 320/Tag.

☮ 3 km außerhalb des Zentrums an der Fernstraße.

🏧 Geldautomat am Hotel RukaKlubi gegenüber dem Endpunkt der Bärenrunde.

🛒 Im Zentrum zahlreiche Souvenir-Shops, wie z.B. Ruka-Shop oder Pitäjän Pirtti. Etwas außerhalb, an der Fernstraße 5/E63 ein Supermarkt, Mo bis Fr 🕒 9:00 bis 20:00, Sa 🕒 9:00 bis 18:00, So 🕒 10:00 bis 17:00.

🎢 Rukapalvelu Oy, Safaritalo, 93825 Rukatunturi, ☎ 08/8608600, FAX 08/8608601, 🖥 <www.rukapalvelu.fi> organisiert Wanderungen, Angelausflüge, Kanu- und Rafttouren.

🍺✕ Das gastronomische Angebot in Ruka ist umfangreich. Neben den genannten Hotels, die alle ein großes Restaurant oder zumindest eine Cafeteria haben, reicht das Spektrum von Restaurants mit ungewöhnlichen Spezialitäten, wie z.B. Bärenfleisch (Riipisen Riistakahvila) über Pizza (Pizzeria Ruka) bis hin zu Fast Food (HillSide).

🚌 am Ende des Parkplatzes gegenüber dem Hotel RukaKlubi. Busse nach Kuusamo: Mo bis Fr 7:00, 10:20, 15:35, 18:20, Mo bis Sa 8:20; So 15:30.

Ruka ist eher eine Ansammlung von unzähligen Skihotels und Aprés-Ski-Vergnügungsbuden als ein Dorf im klassischen Sinne. 18 Lifts und 28 Skipisten bei einem maximalen Höhenunterschied von 201 m, zwei Sprungschanzen und etwa 250 km präparierte Loipen lassen Ruka zum beliebtesten Wintersportgebiet Finnlands werden.

Den Beweis für die Beliebtheit liefern die roten "Ruka!"-Aufkleber, die sich an vielen finnischen Autos finden. Die Skisaison dauert vom ersten Schneefall im Oktober bis Anfang Mai.

**Die
Bärenrunde
im Winter**

Im Winter erfüllt sich der Traum von einer Wanderung in einsamer Wildnis. Allein auf weiter Flur stapfen Sie durch hüfthohen Schnee, im März werden durchschnittliche Schneetiefen von 75 cm erreicht, dazu läßt die tiefstehende Sonne die Schneekristalle in den Baumwipfeln glitzern. Klirrende Kälte und Stille umgeben Sie, und der Schnee modelliert einen Skulpturenpark. Umgestürzte Bäume, Steine oder kleinen Erdhügel werden zu bizarren Elefanten, Totenköpfen oder abstrakten Gebilden. An den Ästen hängen Schneeklumpen wie Wespennester. Die Last auf den Bäumen, im Finnischen "tykky" genannt, besteht aus mehreren Lagen Eis und Schnee.

An kalten, bedeckten Tagen kühlen sich die Wassertröpfchen weit unter 0° ab, ohne zu gefrieren. Treffen diese Tröpfchen auf ein Hindernis, z.B. einen Baum, so setzen sie sich dort ab und gefrieren sofort. Innerhalb eines Tages kann sich so eine bis zu 10 cm dicke Rauhreifschicht bilden, die selbst wiederum die Auflagefläche für eine Schneeschicht ist. Diese Vorgänge wiederholen sich ständig, und am Ende des Winters macht die Schneelast einige Tonnen aus.

Die im Sommer so zahlreichen Begegnungen mit anderen Wanderern reduzieren sich auf ein Maß, das sich an einer Hand abzählen läßt. Nachts bestehen gute Chancen, ein Polarlicht über den Himmel zucken zu sehen. Bei diesem Phänomen, das auch unter der Bezeichnung Aurora borealis bekannt ist, flackert der Himmel in der dunklen Jahreszeit fahl grünlich, bläulich oder bisweilen auch rötlich auf.

In einer Legende erklären die Samen das Auftreten des Polarlichtes durch einen Fuchs, der mit seinem Schwanz Schneekristalle aufwirbelt, während er über die Fjells läuft.

Für die wissenschaftliche Erklärung dieser Erscheinungen ist eine Erinnerung an den Physikunterricht aus der Schulzeit hilfreich: so wie sich die Eisenspäne entlang der Magnetfeldlinien eines Stabmagneten ausrichten, so laufen auch die Linien des Erdmagnetfeldes an den Polen zusammen.

Die Sonne stößt elektrisch geladene Teilchen aus, den sogenannten Sonnenwind. Dieser wird vom Magnetfeld der Erde eingefangen und gebündelt im Bereich der Pole in die Erdatmosphäre gezogen. In einer Höhe von 100 bis 1.000 km treffen sie auf Gase der Erdatmosphäre und verglühen. Bei der Kollision mit Stickstoff entsteht ein grünes, bei der mit Sauerstoff ein rotes Polarlicht.

Eine Wintertour auf der Bärenrunde ist eine anspruchsvolle Angelegenheit und bedarf gründlicher Planung sowie der richtigen Ausrüstung. Hinzu kommt, daß der Kalorienbedarf in der kalten Jahreszeit stark ansteigt. Kohlenhydrate und Proteine, die in zuckerhaltiger Nahrung enthalten sind, werden schnell umgesetzt und eignen sich gut als Zwischenmahlzeit während der Pausen. Insgesamt sollten Sie 30 bis 40% mehr Proviant einplanen, als Sie von einer Sommertour gewohnt sind.

Die Einkaufsmöglichkeiten in Juuma sind den Winter über geschlossen, so daß der Proviant für die komplette Tour mitgeführt werden muß!

Die Savilampi-Hütte ist im Winter besonders gemütlich

Ausrüstung

Die Durchschittstemperaturen im März liegen bei -10°, was aber nicht darüber hinwegtäuschen darf, daß in bewölkungsfreien, ausstrahlungsreichen Nächten durchaus Temperaturen um -40° erreicht werden können. Die richtige Ausrüstung trägt also ungemein zum Gelingen der Tour bei.

Mittlerweile allgemein bekannt ist das Zwiebelprinzip, im Winter kommt ihm eine besondere Bedeutung zu. Schnell sind Sie zu dick eingepackt und beginnen, beim Laufen zu schwitzen. Die Kleidung wird naß und entzieht dem Körper in den Pausen die Wärme. Lieber beim Start etwas frieren und die Wärmereserven für die Pausen bereithalten!

Zum Laufen reicht meist ein langes Funktionsunterhemd und ein dünner Fleece. Bei der Unterwäsche sollten Sie auf Kunstfasern setzen. Baumwolle und Wolle sind ungeeignet, da sie schnell naß werden und nur langsam wieder trocknen. Als zweite Lage folgt ein Fleecepulli. Ob Sie darüber eine Daunenjacke oder eine Jacke mit Kunstfaserfüllung tragen, ist, wie auch die Frage der Schlafsackfüllung, eher eine Geschmackssache.

Bei einer Tour auf der Bärenrunde kommt der Nachteil der Daunen, bei Feuchtigkeit an Isolationsvermögen zu verlieren, nicht so schwer zum Tragen, da Sie die Ausrüstung in den Hütten trocknen können.

Bei der Isomatte sollten Sie auf den Komfort eines selbstaufblasenden Modells verzichten, da gefrierende Atemluft deren Füllung zerstören kann und statt dessen zum klassischen Modell greifen. Das hat zusätzlich den Vorteil, daß Sie etwas Gewicht sparen.

Bleibt noch das Warmhalten von Kopf, Händen und Füßen. Hier hat sich eine Kombination aus dünnen Seiden-Fingerhandschuhen und dicken Fäustlingen darüber gut bewährt. Zum Fotografieren und beim Zeltaufbau ziehen Sie den Überhandschuh einfach aus. Bei der Mütze sollten Sie auf auf Ohrenklappen achten. Eine Sturmhaube hat den Vorteil, daß sie besonders beim Schlafen eine gute Wärmereserve bringt. Beim Laufen wird sie allerdings schnell zu warm.

Wenn Sie nur Wintertrekking-Luft schnuppern möchten, werden Sie kaum teure Spezial-Winterstiefel kaufen wollen. Es geht auch mit normalen Wanderstiefeln, die aber eine Nummer größer ausfallen dürfen.

Wie auch bei den Handschuhen hat sich eine Doppelschicht bewährt: ein dünnes Paar Seidensocken und darüber dicke Woll- oder Kunstfasersocken.

Als weitere nützliche Gegenstände kommen hinzu: Gamaschen, damit der Schnee nicht in die Schuhe und in die Hosenbeine kriecht; Wanderstöcke mit großem Teller oder Skistöcke; eine Thermosflasche für heißen Tee unterwegs;

eine Gletscherbrille gegen Schneeblindheit und eine Schneeschaufel. Man benötigt sie sowohl für das Freischaufeln des Weges von der Hütte bis zum Klohäuschen als auch für das Festklopfen des lockeren Schnees vor dem Zeltaufbau oder für den Bau eines Iglus; die Schneeschaufel ist eine der Utensilien, die wirklich universal zum Einsatz kommt.

Eine besondere Bedeutung hat auch der Kocher: eine heiße Tasse Tee wirkt Wunder. Am besten geeignet sind Benzinkocher. Gaskocher (zumindest mit Butan betriebene Modelle) versagen in der Kälte; Spiritus muß bei tiefen Temperaturen vorgeheizt werden. Das kann mit einem speziellen Winterset passieren - oder Sie nehmen die Spiritusflasche mit in den Schlafsack. Sie sollten mindestens die doppelte Menge Brennstoff wie gewohnt einplanen, zum einen, weil bei den tiefen Temperaturen der Verbrauch steigt, zum anderen, weil Sie kaum Gelegenheit haben, an Wasser zu gelangen und somit ständig Schnee schmelzen müssen.

Eine Wintertour ist also mit einem ziemlichen Materialaufwand verbunden. Das hat einerseits zur Folge, daß Sie ein Zeltmodell mit entsprechend großen Apsiden wählen sollten, um die komplette Ausrüstung verstauen zu können. Andererseits bedeutet es auch, daß Sie einen guten Rucksack benötigen - schnell sind 30 kg Ausrüstung oder mehr zusammen. Am besten geeignet für derartige Lasten ist noch immer ein - leider etwas sperriger Außengestellrucksack.

Pulkas - Schlitten, die Ihnen einen Großteil des Gewichts von den Schultern abnehmen könnten, sind eine schlechte Alternative für die Bärenrunde, da sie auf dem hügeligen und waldreichen Terrain nur sehr schwer kontrollierbar sind.

Ob Sie sich für Schneeschuhe oder Skier entscheiden, hängt von Ihrem eigenen Können ab. Schneeschuhe bieten viele Vorteile: sie sind einfacher zu transportieren, man benötigt keine speziellen Schuhe, und sie können ohne Vorkenntnisse benutzt werden - es läuft sich lediglich etwas breitbeiniger.

Schneeschuhe haben in den letzten Jahren ein wahres Revival erfahren, und die heute angebotenen High-Tech-Versionen haben mit dem klassischen "Tennisschläger" nicht mehr viel gemeinsam.

Bei der Wahl des Schneeschuhs sollten Sie unbedingt auf die angegebene Belastbarkeit - dabei die Zuladung der Ausrüstung zum Körpergewicht nicht vergessen - und eine einfach mit Handschuhen zu bedienende Bindung achten. Aus eigener Erfahrung empfehle ich außerdem, ein kräftiges Stück Draht mitzuführen. Trotz aller Werbeversprechen der Hersteller können die modernen Materialien brechen - wer schon einmal 5 km ohne Schneeschuhe zur nächsten Hütte gestolpert ist, wird gerne das zusätzliche Gewicht eines kleinen Stück Drahts auf die Schultern nehmen.

📖   John Moynier, Skiwandern, OutdoorHandbuch Basiswissen für Draußen, Conrad Stein Verlag, ISBN 3-89392-106-0, DM 12,80,   6,80.

◆   Diemar Heim & Dirk Klawatzki, Wintertrekking, OutdoorHandbuch Basiswissen für Draußen, Conrad Stein Verlag, ISBN 3-89392-170-2, DM 14,80,   7,80.

Streckenführung im Winter

Mit dem schweren Rucksack auf dem Rücken werden Sie im Schnee tiefer einsinken, als Ihnen lieb ist. Gerade auf der kaum begangenen Hautajärvi-Route ❶ wird die Tour schnell zur Qual, und die Tagesetappen schmelzen trotz eisiger Temperaturen auf ein 5-km-Maß zusammen. Angenehmer ist im Winter die Ristikallio-Route ❸.

Ab Taivalköngäs ❻ wird die Strecke einfacher, und die Hütten liegen dichter zusammen. Der letzte Abschnitt der Tour vom *Jyrävä*-Wasserfall, im Winter kaum als solcher erkennbar, bis nach Ruka ❸❽ ist touristisch erschlossen, und es sind viele Loipen angelegt.

☺ Am besten vorher in einem der Nationalpark-Informationszentren erfragen, ob nicht ein Parkranger mit dem Schneemobil unterwegs war, denn die Schneemobilspuren erleichtern das Vorankommen ungemein.

Während der Schnee einerseits das Vorankommen erschwert, hält die kalte Jahreszeit andererseits auch einige Erleichterungen bereit. Moore, Tümpel und weite Sumpfflächen frieren fest zu und stellen kein Hindernis mehr dar.

🖐 Wenn Sie zum ersten Mal eine Wintertour unternehmen, sollten Sie stets daran denken, daß die Landschaft im Vergleich zum Sommer gänzlich anders aussieht, Schnell haben Sie, ohne es zu merken, einen See oder einen Fluß überquert, der sich unter den Schneemassen verbirgt.

Die Streckenführung der Bärenrunde weicht im Winter etwas von der im Sommer ab und verläuft z. T. über gefrorene Seen. (☞ Vgl. Karten 6, 7, 9).

Die Wintermarkierungen bestehen aus orangefarbenem Plastikband, das um Bäume gewickelt ist, oder, wenn ein See bzw. eine Moorfläche passiert wird, aus Stöcken, die links und rechts des Pfades in den Schnee gesteckt wurden.

Die Myllykoski frieren selbst bei großer Kälte nicht zu

Besonders im Teil nach der Jussinkämppä ㉓ nimmt die Bärenrunde im Winter einen anderen Verlauf. Während Sie im Sommer nach Süden in Richtung auf den *Kitkanjoki* zu laufen, geht es im Winter zuerst in nordwestliche Richtung am Seeufer zurück, und Sie wandern anschließend direkt in südwestliche Richtung nach *Juuma*.

☺   Wenn Sie sich im Winter die anstrengende Strecke über den *Valtavaara*-Gipfel sparen wollen, können Sie sich in *Juuma* ein Taxi aus Käylä rufen, das Sie zur Hauptstraße bringt, von wo aus Sie mit dem normalen Linienbus nach Kuusamo weiterfahren können (☎ 08/864101).

Von *Juuma* aus laufen Sie direkt in südliche Richtung über den *Ala-Juum-ajärvi* und dann auf einer Strecke, etwas westlich versetzt von der Sommerroute, bis zurPorontimajoki-Hütte ㉜.

Im Gegensatz zum Sommer umlaufen Sie den *Porontima*-See auf der Südseite und müssen dementsprechend nicht den *Konttainen*-Gipfel erklimmen.

Anschließend erreichen Sie über den *Valtavaara*-Gipfel Ruka ㊳.

Kanutouren

Die Kanutouren im Überblick

Die zahlreichen Seen und Flüsse - in Kuusamo ist eine Fläche von 800 km²
mit Wasser bedeckt - bieten dem Wassersportler ein ideales Revier. Die in
diesem Buch beschriebenen Touren führen über kristallklare Seen und kleine,
gemächlich dahin fließende Flüsse. Sie sind hervorragend für Anfänger geeignet und ideale Familientouren.

Die Einsatz- und Aussatzstellen der Paddelrouten 2 bis 4 liegen immer in
der Nähe einer Bushaltestelle, so daß Sie am Ende einer Tour mit öffentlichen
Verkehrsmitteln zurück nach Kuusamo und von dort zur Einsatzstelle und
somit zu Ihrem eventuell dort geparkten Auto zurück gelangen können.

Die Flüsse Kitkajoki, Kuusinkijoki und der Oberlauf des Oulankajoki haben
Kuusamo bei Wildwasserenthusiasten berühmt gemacht. Wenn Sie die Herausforderung und den Nervenkitzel in schäumenden Stromschnellen, kräfti-
gen Wirbeln und mächtigen Walzen suchen, sei Ihnen der DKV-Auslandsführer Skandinavien empfohlen.

📖   DKV-Auslandsführer Skandinavien, DKV-Wirtschafts- und Verlags-GmbH. Enthält
        u.a. Flußbeschreibungen vom Oulankajoki, Kitkanjoki und Iijoki.

Ausrüstung

Die vorgestellten Touren sind sowohl für Wanderkajaks als auch für Canadier geeignet. Auf den offenen, weiten Seen haben die niedrigen Kajaks gegenüber den höheren und somit windempfindlicheren Canadiern einen entscheidenden Vorteil.

Bei Canadiern werden die Vorzüge auf längeren Fahrten und bei Familientouren deutlich: sie sind einfach zu beladen und es kann problemlos viel Gepäck in wasserdichten Tonnen mitgeführt werden.

Der ideale Bootstyp für die vorgestellten Touren ist meiner Meinung nach ein Faltboot. Da die Mitnahme in öffentlichen Verkehrsmitteln kein Problem darstellt, können Sie einfach mit dem Bus zum Startpunkt fahren, dort Ihr Boot aufbauen und die Paddeltour genießen.

Am Endpunkt packen Sie Ihr Boot wieder ein, steigen in den Bus und können sofort Ihr nächstes Abenteuer beginnen, ohne sich Gedanken darüber machen zu müssen, wie Sie zu Ihrem Auto zurück gelangen.

Paddeln auf dem Muojärvi (☞ Tour 3)

Egal, für welchen Bootstyp Sie sich entscheiden, folgende Ausrüstungs-gegenstände gehören auf jeden Fall ins Reisegepäck:

▶   Eine Schwimmweste, die nur nützt, wenn sie immer getragen wird.

▶   Ein Ersatzpaddel und wasserdicht verpackte Ersatzkleidung sowie Klei-dung für jede Wetterlage, auch wenn Sie Ihre Tour bei strahlendem Sonnenschein beginnen.

▶   An einigen flachen Stellen leistet eine Leine zum Treideln gute Dien-ste, ein Bootswagen ist auf den vorgestellten Touren nicht nötig.

▶   Bei längeren Touren wird natürlich eine komplette Campingausrüstung notwendig.

▶   Zur Orientierung auf den Seen mit ihrem Labyrinth aus Inseln, Buch-ten und Landzungen ist eine Gewässerkarte (☞ Literatur) und ein Boctskompaß unerläßlich.

Kanuverleih

In Kuusamo und Ruka gibt es zahlreiche Veranstalter, die neben geführten Wanderungen, Rafting-Touren und anderen Outdoor-Aktivitäten (☞ Reise-Infos A-Z, Outdoor-Aktivitäten) auch Boote zum Verleih anbieten. Meist wer-den Zweiercanadier mit Schwimmwesten (gegen Aufpreis auf Wunsch auch mit kompletter Campingausrüstung) verliehen, um den Transport müssen Sie sich selbst kümmern. Die Preise bewegen sich zwischen FIM 100/Tag und FIM 200/Tag. Für eine Woche bezahlen Sie oft den Preis für sechs Tage.

Das umfangreichste Angebot besteht für den Unterlauf des Oulankajoki (☞ Tour 1). Zahlreiche Anbieter vermieten Canadier für zwei Personen inklusive Hin- und Rücktransport oder geführte Touren:

◆   Stella Polaris Adventures, Torangintaival, 93600 Kuusamo, ☎ + FAX 08/8523122, FIM 350/Tag.

◆   Kuusamon Erä Safari Oy, Kitkantie 71, ☎ 08/853196, geführte Tour für mind. zwei Personen, inklusive Ausrüstung und Essen FIM 500/Person.

◆   Jyrävä Camping, Juumantie 129 b, ☎ 08/863236, FIM 300/Tag.

◆   Oulangan Kansallispuiston leirintäalue, Liikasenvaarantie 139, 9399 Kuusamo, ☎ 08/863429, FIM 350/Tag.

◆   Anne und Jouko Viitala, ☎ 08/863418, FIM 300.

Tour 1: Oulankajoki

Der *Oulankajoki* bietet eine abwechslungsreiche Umgebung und eine Prise Wildnis für unvergeßliche Paddelerlebnisse. Kleine Seen wechseln sich mit sanft mäandrierenden Flußabschnitten ab, der Fluß führt durch tiefe Schluchten, vorbei an steilen Sandufern und über tosende Stromschnellen.

Die etwa 20 km lange Strecke im Oberlauf von der Straßenbrücke an der Straße von Kuusamo nach Salla bis zum Besucherzentrum des Oulanka-Nationalparks (nicht beschrieben) stellt eine Herausforderung für erfahrene Wildwasserkanuten dar und kann Anfängern nicht empfohlen werden. Der Unterlauf des *Oulankajoki* nach den *Kiutaköngäs* windet sich gemächlich dahin und ist für Familientouren ideal.

Länge: 24 km

Startpunkt: Einsatz unterhalb der *Kiutaköngäs*. Fahren Sie vom *Informationszentrum* des Nationalparks über die Brücke. Etwa 200 m Meter hinter der Biologischen Station (Wegweiser: "Kanoottien ja neneiden kuljetus") zweigt ein Schotterweg nach rechts zu einem Parkplatz an der Einsatzstelle ab. Von dort führt eine Holztreppe hinunter zum Flußufer.

Endpunkt: *Jäkälämutka*, unweit der Grenze zu Rußland.

Umtragungen: Umtragungen sind auf dem beschriebenen Abschnitt des *Oulankajoki* nicht notwendig.

Wasser: Die Wasserqualität des *Oulankajoki* ist hervorragend. An der braunen Farbe sollten Sie sich nicht stören. Sie wird durch die Moorgebiete, durch die der Fluß im Norden fließt, verursacht.

Übernachtungsmöglichkeiten: Die vorgestellte Tour läßt sich bequem an einem Tag paddeln. Sollten Sie angesichts der grandiosen Szenerie eine Übernachtung planen, so stehen Ihnen zahlreiche Übernachtungsmöglichkeiten zur Verfügung. Zelten ist nur an den ausgewiesenen Plätzen erlaubt (☞ Die Bärenrunde, Übernachtungsmöglichkeiten), da der Unterlauf des *Oulankajoki* durch den Nationalpark führt.

Es geht los...

km 0   Vom **X** mit ♣ am Flußufer starten Sie stromabwärts in südöstliche Richtung und erreichen bei...

km 3   eine ♣ am rechten Flußufer.

km 8   Am rechten Ufer liegt der Steg der *Ansakämppä*, ⌂ 10 bis 15 Personen, Gaskocher.

km 10   ♣ Auf dem Sandstrand am linken und **X** am rechten Ufer.

km 21   Laavu ⬠ am rechten Flußufer gegenüber von einem abgeschnittenen Mäanderbogen, Feuerholz meist vorhanden. Nach einem breiten Geröllstrand am linken Ufer befindet sich eine weitere ♣. Am Ende des folgenden Schilfgürtels halten Sie sich links und fahren über den kleinen See bei...

km 24   zur Anlegestelle *Jäkälämutka*.

Wie weiter?

Von der Aussatzstelle besteht eine Straßenverbindung über das *Informationszentrum* des Nationalparks nach Käylä. 🚌 vom *Informationszentrum* nach Kuusamo (☞ Die Bärenrunde, 2. Etappe).

Tour 2:
Konttiselkä - Yli-Kitka - Ala-Kitka

Diese Tour führt über die großen Kitkajärvet mit schroffen, felsigen Ufern. Die angrenzenden Bergketten liefern dem Paddler ein ansprechendes Panorama.

🖐   Starker Wind kann auf diesen großen Seen schnell hohen Wellengang zur Folge haben. Mit der richtigen Ausrüstung und ausreichender Erfahrung macht das Paddeln dann erst richtig Spaß - ansonsten sollten Sie bei schlechtem Wetter in Ufernähe bleiben und auf lange Überquerungen verzichten.

Länge: 75 km

Startpunkt: Rastplatz in *Vasaraperä*, etwa 30 km nordwestlich von Kuusamo an der Fernstraße 81 nach Rovaniemi gelegen.

🚌 Richtung *Vasaraperä*, Mo bis Sa 7:50, Mo bis Fr 16:00, So 17:00, im Winter zusätzlich Sa 13:00, Mo bis Fr 14:25.

Endpunkt: Straßenbrücke in *Käylä*, etwa 40 km nördlich von Kuusamo an der Straße Nr. 950 nach Salla gelegen. 🚌 von *Käylä* nach *Kuusamo*: Mo bis Fr 6:45, 15:15; Mo bis Sa 8:00; So 15:00

Umtragungen: Diese Tour führt über große Seen, Umtragungen sind nicht nötig.

Wasser: Die großen Kitkajärvet zählen zu den saubersten Seen Finnlands und sind für ihr klares Wasser sowie ihren guten Fischbestand bekannt.

Übernachtungsmöglichkeiten: Entlang der Strecke gibt es einige Feriendörfer und Sie finden genug freie Stellen, an denen Sie Ihr Zelt aufbauen können.

Es geht los...

km 0   Rastplatz in *Vasaraperä*.

        🏚 Auf der gegenüberliegenden Straßenseite, Mo bis Fr ⏰ 9:00 bis 18:00, Sa ⏰ 9:00 bis 16:00, So ⏰ 12:00 bis 15:00.
Hinter der Infotafel auf dem Rastplatz führt ein kleiner Weg zum *Konttiselkä*. Sie starten in westliche Richtung an zwei kleinen Inseln vorbei in Richtung auf die Landzunge. Fahren Sie nun in Richtung Südwesten auf das Nordufer der *Sänkisaari bei...*

km 3   zu (Schild "K"). Im Nordwesten bilden zwei Landzungen eine annähernd v-förmige Bucht. Steuern Sie auf die zweite Landzunge zu, und lassen Sie die folgende Bucht rechts liegen. Fahren Sie in der darauf folgenden Bucht südlich der sechs kleinen Inseln und der Nordspitze der *Haahtisaari* bei...

km 10   hindurch. Halten Sie sich anschließend am Nordufer, und fahren Sie weiter in westliche Richtung.
Trotz der vielen Ferienhäuser finden Sie am Nordufer der *Poro-saari* auf Ihrer linken Seite einige schöne Stellen zum ▲.

km 17   Am Ende der Landzunge tauchen im Nordwesten drei kleine Inseln und die Halbinsel *Aittosaari* auf. Im Hintergrund erhebt sich eine bewaldete Kuppe. Steuern Sie auf diese zu, und paddeln Sie an den kleinen Inseln vorbei auf den äußersten Zipfel der Halbinsel zu und darum herum. Die nun vor Ihnen auftauchenden vier kleinen Inseln umfahren Sie alle im Westen, danach ändern Sie Ihren Kurs in Richtung Nordosten auf die Landzunge am rechten Ufer bei...

km 20   bis zur *Straßenbrücke*. Anlegestelle mit Toiletten. Sie erreichen den *Yli-Kitka* und behalten Ihren nordöstlichen Kurs bei. Die folgende Bucht mit den zwei kleinen Inseln lassen Sie rechts liegen. Sie kommen an die zweite Landzunge, links von Ihnen liegt eine Mini-Insel (Schild "H"). Nach der folgenden kleinen Bucht schwenken Sie nach rechts, halten sich nun für eine lange Strecke am Südufer des Sees und fahren in Richtung Osten bei ...

km 29   auf den *Vasikkavaara* zu, der deutlich die Spuren der Forstwirtschaft trägt. Nun tritt der *Naatikakavaara* in Ihr Blickfeld, und es geht immer weiter am Ufer entlang in Richtung Osten, bis auf Ihrer linken Seite bei...

km 34   die *Jäkaläsaari* auftaucht. Am rechten Ufer liegt *Männikön Lomamajat*, ☏ 08/867027, ⌂ Hütten für 8 Personen, FIM 450/Tag (Sommer).

Fahren Sie in Richtung Norden auf die kleine Landzunge mit der roten Hütte und dem Bootschuppen zu. Nun geht es weiter in nordöstliche Richtung, zwischen dem Ufer auf Ihrer rechten Seite und einer Reihe von Inseln auf Ihrer linken Seite hindurch.

km 40   Sie erreichen die große *Miehinkisaari*. Halten Sie sich an deren Ostufer. Steuern Sie am Ende der Insel an der vorgelagerten kleinen Insel vorbei in Richtung auf die Spitze der langgestreckten Insel im Nordwesten. Danach paddeln Sie in nordwestliche Richtung auf die kleine Insel *Keränen* und bei...

km 44   auf die dahinter liegende Halbinsel *Haikaisija* zu, die mit ihren zwei langgestreckten, schmalen Landzungen weit in den See hineinreicht. Nachdem Sie die Halbinsel umrundet haben, fahren Sie zwischen der *Korpissaari* und der *Välikari* auf die Landzunge zu. Lassen die folgende Bucht rechts liegen und steuern bei...

km 48   auf die Nordspitze der *Uikusaari* zu. Im Nordosten sehen Sie eine kleine Insel und dahinter eine Landzunge mit einigen Häusern, die etwas schwer auszumachen ist.

Die langgestreckte Insel westlich davon zeigt genau darauf zu. Es folgt eine kleine Bucht, und von nun an geht es durch ein Insellabyrinth im Nordteil des *Yli-Kitkas*.

km 52   Steuern Sie die *Ahosaari* an. Wenden Sie sich an deren Südufer nach Osten. Wenn Sie am östlichsten Zipfel angekommen sind, nehmen Sie Kurs nach Norden und fahren zwischen zwei kleinen Inseln bei...

km 54   hindurch zum Südostufer der *Lososaari*. Halten Sie sich an deren Ufer und paddeln Sie nach Nordosten. Nach einer schmalen, schilfbestandenen Landzunge öffnet sich eine große Bucht mit vielen kleinen Inseln am Nordende (rechts von Ihnen eine größere Insel mit einer vorgelagerten kleinen Insel), die Sie links liegen lassen. Fahren Sie nach Norden und dann am Ufer der *Lososaari* nach Nordwesten. Sie erreichen eine Sandbank, an der Sie sich nach Nordosten zur Spitze der *Hirvassaari* wenden können, um die Tour in Richtung *Ala-Kitka* fortzusetzen, oder Sie folgen dem Ufer und finden bei...

km 57   am äußersten Nordwestzipfel gegenüber der Insel *Neidinsaari* einen traumhafte Stelle zum ▲.

Weiter geht es in nordöstliche Richtung zwischen der *Neidinsaari* und zwei noch östlicher liegenden Inseln hindurch bis zum gegenüberliegenden Ufer. An diesem entlang paddeln Sie in Richtung Osten, wo sich in der Ferne der Valtavaara und die Skipisten von Ruka auftürmen. Die erste kleine, vorgelagerte Insel umfahren Sie im Süden. Auf Höhe der kleinen Insel (dahinter die *Hirvassari* mit Schild "T") auf Ihrer rechten Seite wenden Sie sich vor der folgenden Insel nach Nordosten. Sie fahren unter einer Stromleitung durch und steuern Richtung Nordost auf das Schild "V" am gegenüberliegenden Ufer zu.

km 61   Paddeln Sie um den Südostzipfel der *Hautasaari* herum und unter der *Straßenbrücke* hindurch in den *Ala-Kitka*. Halten Sie sich am rechten Ufer, und unterfahren Sie die Holzbrücke, die vom Ufer zur *Suusaari* führt. Danach steuern Sie für kurze Zeit in Richtung Nordwesten und fahren um die zwei folgenden Landzungen. Am Schild (spiegelverkehrtes "Z") ändern Sie den Kurs und visieren die entfernte, langgestreckte Insel im Norden an.

✋ Die Überquerung des Ala-Kitkas sollte nur bei günstigen Wetterbedingungen erfolgen. Bei starkem Wind und hohen Wellen sollten Sie sich an das Schild am Ufer halten und weiter in Richtung Osten fahren, um entweder im...

🛏 Motel Kitkapirtti, Alakitkantie 58, 93999 Kuusamo, ☎ 08/864795, FAX 08/8681612

zu übernachten oder den Ala-Kitka weiter im Osten an einer schmaleren Stelle zu überqueren und schließlich am gegenüberliegenden Ufer wieder Kurs nach Nordwesten zu nehmen.

km 64,5 Umfahren Sie die kleine Insel im Westen und steuern Sie danach auf die zwei Landzungen im Nordosten zu. Sie erreichen den *Virranlahti*. Danach paddeln Sie bei...

km 68 auf das Schild "A" zu, passieren die *Straßenbrücke* und treffen am linken Ufer auf eine Kota △ mit ♨. Überqueren Sie den folgenden *Keltinki* in nordöstliche Richtung. Die Ausfahrt finden Sie links von dem linsenförmigen Höhenrücken am gegenüberliegenden Ufer. Weiter geht es in nordöstliche Richtung auf dem zusehends schmaler und flußähnlicher werdenden Ausläufer des Sees.

km 72 Im Norden sehen Sie am Ende eine schmale Durchfahrt, aber Sie wenden sich vor der Insel am Südufer entlang nach Osten. Nach einer schmalen Durchfahrt liegt rechts vor Ihnen eine seeartige Erweiterung, an deren Ende die Häuser von *Käylä* und die Straße zu sehen sind. Wenden Sie sich in Richtung des Mobilfunkturms nach links, fahren Sie zwischen den beiden kleinen Inseln hindurch und dann immer weiter Richtung Osten bei...

km 75 auf die *Straßenbrücke* zu. Anlegen auf deren linken Seite.

Käylä

🛒 mit ☎ 💳 🅿 Mo bis Fr 🕐 9:00 bis 20:00, Sa 🕐 9:00 bis 18:00 an der Straße von der Aussatzstelle etwa 400 m nach rechts.

🏦 gegenüber vom Supermarkt.

🅿 mit ⛽ an der Straße, von der Aussatzstelle etwa 800 m nach links.

⌂ Kitkajoen Lomatuvat, ☎ 08/864149, Hütten für 8 Pers., FIM 250/Tag (Sommer).

♦ Käylän Lomamajat, ☎ 08/864150, Hütten für 8 Personen, FIM 300/Tag (Sommer).

Wie weiter?

🚌 Bushaltestelle 50 m links von der Aussatzstelle.

◆ Taxi auf der anderen Straßenseite an der Aussatzstelle.

🛶 Sie können diese Tour auf dem *Kitkajoki* bis zu seiner Einmündung in den *Oulankajoki* fortsetzen. Der Fluß teilt sich in *Käylä*. Der rechte Arm (hinter der Straßenbrücke an der Aussatzstelle) hat eine kleine Stufe. Besser zu fahren ist der linke Arm, in den Sie an der Halbinsel vor der Straßenbrücke einbiegen.

Auf der 14 km langen Strecke von *Käylä* bis Juuma beträgt das Gefälle 17 m. Zahlreiche Stromschnellen (bis zum Schwierigkeitsgrad II bis III) fordern diejenigen Paddler heraus, die schon etwas Wildwassererfahrung gesammelt haben.

✍ Der Unterlauf des *Kitkajoki* von *Juuma* bis zum *Oulankajoki* ist nur etwas für erfahrene Kanuten. Auf der 18 km langen Strecke fällt das Wasser um 85 m.

Finnische Idylle am Possunjärvi (☞ Tour 4)

Tour 3: Oivanginjärvi - Kuusamojärvi - Muojärvi - Kiitämä - Suininki

Der erste Abschnitt dieser Tour führt Sie auf sich gemächlich dahin schlängelnden, kleinen Flüssen nach *Kuusamo*. Von dort geht es auf dem *Kuusamojärvi* nach Osten weiter.

Die Ufer sind zum größten Teil besiedelt oder werden landwirtschaftlich genutzt, und Sie finden zahlreiche traditionelle Dörfer, wie z.B. *Kantokylä* oder *Törmäsenvaara*.

Die Inseln im östlich anschließenden *Muojärvi* sind Teil eines landesweiten Schutzprogrammes. Sie sind unbewohnt, und in den kommenden Jahren werden Unterkunfts- und Serviceeinrichtungen entstehen. Über die Seen *Kirpistö* und *Kititämä*, deren Ufer nur spärlich besiedelt sind, gelangen Sie in das Dorf *Määttälänvaara* am Ufer des *Suininki*.

Länge: 118 km

Startpunkt: Als Kanu-Einsatzstellen bieten sich die Ortschaft *Oivanki* oder der *Matkajoki-Campingplatz* (☞ km 9) nördlich von Kuusamo an. Die Strecke von *Oivanki* bis Kuusamo ist am besten mit einem wendigen Kajak zu befahren, da die Bäche stellenweise sehr schmal werden und umgefallene Bäume sowie Büsche das Vorankommen erschweren. Mit einem Canadier starten Sie am besten an der *Badestelle* in Kuusamo (☞ km 17,5).

Oivanki, etwa 15 km nördlich von Kuusamo an der Fernstraße Nummer 81 nach Rovaniemi gelegen. 🚌 Richtung Vasaraperä, Mo bis Sa 7:50, Mo bis Fr 16:00, So 17:00, im Winter zusätzlich Sa 13:00, Mo bis Fr 14:25.

Wenn Sie aus Richtung Kuusamo kommen, zweigen in *Oivanki* insgesamt vier kleine Straßen nach links von der Hauptstraße ab, die alle bis zum Seeufer führen, wo Sie Ihr Boot zu Wasser bringen können.

Kuusamo: eine gute Einsatzstelle ist die *Badestelle* unweit des Stadtzentrums. Von der Kreuzung am Marktplatz führt die Straße *Kelantie* an der Post vorbei bis zum Ufer des Sees.

Endpunkt: *Määttälänvaara*, etwa 30 km nordöstlich von Kuusamo an der Straße Vuoturgintie (8690) gelegen. 🚌 Busverbindung nur in der Schulzeit, Mo bis Fr 7:55 und 15:40. Während der übrigen Zeit können Sie sich vom Supermarkt aus ein Taxi rufen lassen (etwa FIM 170 bis Kuusamo).

Umtragungen: Auf den ersten Kilometern kann es vorkommen, daß ein umgestürzter Baum den Weg versperrt, und Sie das Boot tragen müssen. Ansonsten gibt es einige niedrige Brücken und flache Passagen, die kurz umtragen werden müssen.

Wasser: Obwohl besonders entlang des *Kuusamojärvi* an den Ufern Felder angelegt und einige Siedlungen zu finden sind, ist die Wasserqualität sehr gut.

Übernachtungsmöglichkeiten: Trotz vieler Ferienhäuser, Dörfer und Felder gibt es genügend schöne, unbewohnte Uferabschnitte, insbesondere auf den zahlreichen Inseln, die zum Zelten geeignet sind – nicht selten mit einem kleinen Sandstrand.

Es geht los...

km 0   Starten Sie südöstlich in Richtung der Hütte am gegenüberliegenden Seeufer, bis Sie eine schmale Durchfahrt passieren. Die kleine Insel dahinter lassen Sie links liegen und folgen dann dem Westufer. Der See verengt sich erneut. Nun fahren Sie nach Süden auf eine kleine Hütte mit einem roten Dach zu und biegen in einen schmalen Bach in Richtung Westen ab. An der beigefarbenen Hütte erreichen Sie den *Petäjälampi*. Wenden Sie sich nach links und halten sich am Ostufer des Sees. Am südlichsten Zipfel (große blaue Hütte) verlassen Sie ihn und paddeln auf dem nun folgenden Fluß, der sich gemächlich in südöstliche Richtung windet.

km 5   Am linken Ufer laden zwei Laavus 🏠 zur Rast ein. Danach wird der Fluß breiter, und ein Schilfgürtel kündigt den nächsten See an. Sie erreichen den *Ukonlampi* und fahren nach rechts am Westufer weiter. Auf Ihrer linken Seite erstreckt sich eine weite Bucht, danach ragt eine Landzunge weit in den See.
Nach der schmalen Durchfahrt halten Sie sich am linken Ufer, verlassen nach etwa 500 m den See und fahren auf einem kleinen

Bach in südöstliche Richtung. Nach weiteren 500 m passieren Sie eine Stromleitung, und nach einer scharfen Linkskurve versperrt eine Holzbrücke den Weg.

🏋 Am einfachsten an einer flachen Stelle am rechten Ufer das Boot aus dem Wasser nehmen, über die Brücke tragen und am linken Ufer wieder einsetzen.

Der Fluß mündet in einen See, an dessen Nordufer sich das Sägewerk Pölkky Oy befindet. Sie halten sich rechts und folgen dem Ufer in östliche Richtung.
Nach einer schmalen Stelle erreichen Sie eine fast kreisförmige Bucht. Am gegenüberliegenden Ufer in östlicher Richtung erspähen Sie eine Hütte mit rotem Dach, die Ihnen den Weg weist. Nachdem Sie die Landzunge hinter sich gelassen haben, fahren Sie am Westufer des Sees weiter in südliche Richtung.
Sie passieren eine weitere schmale Stelle, und auf der linken Seite säumen viele kleine Ferienhäuser Ihren Weg. Am Südende des nun folgenden kleinen Sees sehen Sie rechts von einem kleinen, weißen Holzhaus bei...

km 9   den Steg des △ 🚐 *Matkajoki-Campingplatzes*,
☎ 08/85 l 2702, Hüttenvermietung, 🗓 l.6. bis 30.9.
Vom Steg des Campingplatzes aus geht es weiter nach links. Sie setzen die Tour auf dem Matkajoki fort.

🏋 Nach 200 m versperrt eine Holzbrücke den Weg. Allerdings ist sie so niedrig, daß Sie sie als Steg benutzen können, und Ihnen größeres Umtragen erspart bleibt. Nach einer *Straßenbrücke* folgen in kleinen Abständen drei kurze Strecken, die stellenweise sehr flach werden und an denen zahlreiche größere Steine aus dem Wasser ragen. Bei sehr niedrigen Wasserständen muß eventuell getreidelt werden.

Nach der letzten flachen Strecke folgen neue Hindernisse. Auf dem folgenden Abschnitt passieren Sie drei Brücken, die aber mit mehr oder weniger Verrenkungen zu unterfahren sind.

Abendstimmung am Matkajoki-Campingplatz

Sie erreichen die ersten Häuser einer kleinen Siedlung und nach 500 m eine zweiröhrig untertunnelte *Straßenbrücke*. Danach wird der Fluß breiter, der Baumbestand am Ufer lichter und zunehmend durch Büsche ersetzt. Sie erreichen bei...

km 15,5 den *Nilojärvi*. Fahren Sie auf den Wasserturm zu, der sich am gegenüberliegenden Ufer über Kuusamo erhebt. Die Ausfahrt befindet sich im Südosten, versteckt hinter einem breiten Schilfgürtel. Nach der Insel erblicken Sie außer dem Wasserturm einen Mobilfunkturm und rechts davon eine *Straßenbrücke*. Jetzt geht es auf einem breiten Fluß durch *Kuusamo*.

km 17,5 Nachdem Sie zwei dicht aufeinander folgende *Straßenbrücken* passiert haben, erreichen Sie den *Kuusamojärvi*. Halten Sie sich am rechten Ufer und paddeln Sie auf den weißen Kirchturm zu. Nach einem Imbiß ✗ setzen Sie die Fahrt in südöstliche Richtung fort und passieren eine Engstelle zwischen dem Ufer und der *Vihtasaari* (Strommast).

km 23 Badestelle.

Danach fahren Sie Richtung Osten auf das gegenüberliegende Ufer zu. Auf Höhe der Siedlung schwenken Sie in südwestliche Richtung zur Spitze der *Raatesaari*.

km 25   Der flache nordwestliche Zipfel dieser Insel lädt zum Anlanden ein und ist auch groß genug, um ein ▲ aufzubauen. Weiter geht es in südöstliche Richtung, zwischen der *Raatesaari* und der *Porosaari* hindurch. Beim Holzhäuschen am Ufer der *Porosaari* wenden Sie sich nach links bei...

km 27   zur *Olkonsaari*, an deren Südufer Sie nach Osten weiter fahren. Am Ende der Insel steuern Sie die bucklige, mit Kiefern bestande Kuppe im Südosten vor Ihnen an. Danach geht es am Ufer entlang, vorbei an *Kantonkylä*, und Sie erreichen bei...

km 32   *Tormänen*, Sossonniementie 174, 93999 Kuusamo, ☎ 08/857730, Ferienwohnungen für 2 bis 6 Personen, Hütten bis 8 Personen.

Am linken Ufer erkennen Sie die ersten Häuser von *Tormäsenvaara*. Rechts tauchen zwei kleine Inseln auf. Halten Sie sich immer am Ufer, bis Sie rechts bei...

km 36   zwei weitere kleine Inseln sehen, die, nur durch einen schmalen Schilfgürtel getrennt, wie eine Insel aussehen. Am Ende der zweiten Insel steht ein weißes Schild mit einem blauen "L". Biegen Sie hier nach links in nordwestliche Richtung ab und fahren Sie unter einer *Straßenbrücke* in eine spitz zulaufende Bucht.

km 39   Im Knie der linken Landzunge finden Sie einen 🍴 Kiosk, am Autowendeplatz rechts, kleines Holzhäuschen. Di bis So 🕐12:00 bis 20:00.

Vom Steg aus geht es weiter am linken Ufer, im Nordosten öffnet sich eine schmale Durchfahrt zwischen zwei Landzungen in den *Välijärvi*. Halten Sie sich danach am rechten Ufer. Im Nordwesten erblicken Sie eine breite Durchfahrt, über die Sie den *Muojärvi* erreichen. Im Nordosten sehen Sie eine Miniinsel mit einem Schild (schwarzes "E"), dahinter erheben sich, entfernt an Kamelhöcker erinnernd, die Kuppen der *Korkeasaari*.

km 45   Im Nordosten der Insel finden Sie einen breiten Sandstrand zum ▲ mit 🔥.

Weiter geht es in Richtung Osten. Paddeln Sie zwischen der Inselgruppe *Uupuneet*, die aus zwei dicht zusammmen liegenden und einer etwas weiter entfernten Insel besteht, und dem Südufer des *Muojärvi* (📷 S. 94/95) durch.

In der nun folgenden Bucht sind viele der Inseln sehr klein und nicht in der Karte verzeichnet. Am einfachsten ist es, die Bucht und alle Inseln im Norden zu umfahren.

km 49,5 Am Ende ragt eine kleine Landzunge in die Bucht. Fahren Sie zwischen dem Ufer und der *Rajasaari* im Norden hindurch. Halten Sie sich am rechten Ufer in südöstliche Richtung. Auf Ihrer linken Seite passieren Sie nacheinander drei größere Inseln und fahren dahinter in eine annähernd rechteckige Bucht.

km 55,5 Am linken Ufer leuchten zwei einsame, rote Häuser, am rechten Ufer erblicken Sie eine *Straßenbrücke*, unter der sich die Ausfahrt aus dem *Muojärvi* befindet. Die nächsten 100 m sind sehr flach, bei niedrigem Wasserstand ragen zahlreiche Steine aus dem Wasser. Dann kommen Sie an den *Koskenlampi*. Die Ausfahrt befindet sich am Südostufer, rechts von einer versteckt im Wald liegenden, roten Hütte.

Sie erreichen den *Muojoki*, der breit und gemächlich dahinfließt. Das Ufer ist von Birken gesäumt. Im kristallklaren Wasser erspähen Sie Fische und Enten, die Sie begleiten, sowie Wasserpflanzen, die in der Strömung flattern. Nach der *Straßenbrücke* wird der Fluß breiter, die Ufer treten hinter einen breiten Schilfgürtel zurück.

km 57,5 *Nevalan Lomamajat*, Koskenkyläntie 191, 92999 Kuusamo, ☎ 08/856138

Nach einer großen Rechtskurve kommen Sie zum *Joukamojärvi*. Vor Ihnen im Süden schiebt sich eine Landzunge in den See, der eine zweite folgt. Vor dieser zweiten Landzunge liegen zwei kleine Inseln. Fahren Sie auf die äußere zu und danach Richtung Osten weiter, das Ufer begleitet Sie immer auf der linken Seite. Rechts erstreckt sich die *Karjalansaari*.

Sie halten sich weiter am Ufer, nach einer kleinen Landzunge öffnet sich eine Bucht mit zwei kleinen Inseln, die Sie links liegen lassen. Hinter der zweiten Insel bei...

km 62   fordert Sie ein langgestreckter, breiter Sandstand zum **⚑** auf. Es
geht am Ufer entlang auf die Landzunge zu. Am Ende der folgen-
den Bucht befindet sich die Ausfahrt des *Joukamojärvi*, die sehr
schmal und etwas schwierig zu finden ist.

Fahren Sie auf das schmale, waldfreie Stück im Osten zu. Sie erreichen einen kleinen See und paddeln weiter nach Norden, wo Sie
bei...

km 66   die *Piiksitammen-Hütte*, ⌂ 2 bis 3 Personen, erblicken.
Sie setzen Ihre Fahrt auf dem Fluß vor der Hütte in nördliche Richtung entgegen der schwachen Strömung fort.

⚑⚑ Kurz hinter der Hütte kommen Sie an eine etwa 200 m lange,
leichte Gefällstrecke mit zahlreichen aus dem Wasser ragenden
Steinen, die die Weiterfahrt unmöglich machen. Auf der rechten
Seite befinden sich Treppen, die bis in den Fluß reichen, so daß
das Umtragen keine große Schwierigkeit ist.

Jetzt kommen Sie an den *Piiksilampi*. Fahren Sie in nordwestliche
Richtung, zuerst an einer kleinen Insel in der Mitte des Sees vorbei. Dann verlassen Sie den *Piiksilampi* und erreichen den größeren *Piiksiselkä*. Halten Sie sich am linken Ufer und fahren Sie auf
die Häuser von *Kärpänkylä* im Nordwesten zu, die Sie in einiger
Entfernung erblicken.

km 74   Vor der Ortschaft *Kärpänkylä* ragt eine langgestreckte Landzunge
in den See, die Sie umfahren müssen, danach geht es in nordwestliche Richtung über den *Penikkasalmi* zurück in den *Muojärvi*. Vor
Ihnen taucht die bereits bekannte *Rajasaari* auf. Von deren Nord-
ostspitze paddeln Sie nach Norden bei...

km 83   auf den *Kivisaari* zu und von dort nach *Kylmälä* im Nordwesten mit
einigen vorgelagerten, langgestreckten Inseln.

km 85   *Ervastin Maatilalomat*, Kylmäläntie 19, 93999 Kuusamo,
☏ 08/855736, Hütten für 4 Personen FIM 270/Tag, Hütten für
9 Personen FIM 330/Tag (Sommer).
Fahren Sie dann in Richtung Nordwesten zwischen der *Matalassari*
und der *Ahosaari* hindurch. Nachdem Sie die *Ahosaari* hinter sich
gelassen haben, erblicken Sie vier kleine Inseln, hinter denen sich

die Einfahrt in den *Kajavajärvi* versteckt. Halten Sie sich am rechten Ufer und fahren Sie bei ...

km 91 unter der *Straßenbrücke* hindurch in den *Kirpistö*. Paddeln Sie am rechten Ufer in nordwestliche Richtung und dann zwischen der Landzunge und der vorgelagerten Insel nach Norden bei...

km 94 auf die Häuser von *Heikkilä* zu.

Die Ausfahrt ist etwas schwierig zu finden.

Fahren Sie in der Bucht vor *Heikkilä* zwischen der Landzunge und einer Insel, auf der Sie ein Schild mit einem "Z" (spiegelverkehrt) erkennen können, durch. In der folgenden Bucht sehen Sie am gegenüberliegenden Ufer ein gelbes Haus mit rotem Dach.

☺ Wenn Ihnen die Überquerung des Kirpistö an dieser Stelle zu lang erscheint, können Sie an der genannten Landzunge nach Osten und dann von der nächsten Landzunge nach Norden auf die kleine Ortschaft Kentttäaho zu paddeln. Danach halten Sie sich am rechten Ufer und fahren nach Nordwesten.

Paddlers Traum am Possunjärvi (☞ Tour 4)

Rechts davon steht ein Strompfeiler, der Sie zu einem schmalen Bach führt, auf dem Sie die Tour fortsetzen.

Nach einer Straßenbrücke erreichen Sie den *Kiitämä*. Fahren Sie Richtung Osten, am Südufer der *Sonnisaari* entlang. An deren Ostzipfel wenden Sie sich noch vor der nächsten Insel nach Nordosten zur Landzunge mit einigen Häusern.

Halten Sie sich am linken Ufer, und fahren Sie in Richtung Nordosten auf die Häuser von *Hänninen* zu. Aber bevor Sie diese erreichen, biegen Sie bei ...

km 102 nach Nordwesten in den *Kapeasalmii* ab, der sich bei ...

km 105 zum *Niskajärvi* erweitert. Fahren Sie dann bis...

km 106 zur *Straßenbrücke*, an der sich der *Suininjoki* in zwei Arme teilt, die beide auf 300 m sehr flach werden. Bei gutem Wasserstand ist der linke Arm fahrbar.

ϏϏ Parallel zum rechten Arm verläuft ein Holzsteg, so daß Sie das Boot ohne Schwierigkeiten umtragen oder treideln können.

km 108 Der Fluß wird breiter, und Sie erreichen den *Suininki*. Halten Sie sich am rechten Ufer. Hinter der Landzunge öffnet sich eine große Bucht, die Sie rechts liegen lassen. Fahren Sie bei...

km 113 zur Nordspitze der Halbinsel *Hoikkaniemi* und von dort in Richtung Nordwesten auf die Häuser von *Määttälänvaara* zu.

Zwischen dem Festland und der vorgelagerten *Lahtosaari* steuern Sie hindurch. Die folgende Insel umfahren Sie im Süden, danach Richtung Norden am rechten Ufer weiter.

km 118 Die Aussatzstelle befindet sich im äußersten Nordostzipfel der Bucht.

Wie weiter?

Gehen Sie an der Aussatzstelle 50 m nach links, bis Sie auf die Hauptstraße Vuoturgintie (Nr. 8690) treffen. Dort wenden Sie sich nach rechts, bis Sie nach etwa 300 m zu einer Kreuzung kommen, und folgen dem Wegweiser in Richtung Kiviperä nach rechts. Supermarkt mit Tankstelle und Kiosk 100 m weiter. Wenn Sie den nur in der Schulzeit zweimal täglich fahrenden Bus verpassen, können Sie hier ein Taxi rufen lassen.

🍽 🏪 Mo bis Fr 🕐 9:00 bis 18:00, Sa 🕐 9:00 bis 14:00, 🛶 Mo bis Fr 🕐 18:00 bis 22:00, Sa 🕐 14:00 bis 22:00, So 🕐 12:00 bis 22:00.

🛶 Sie können diese Tour auf dem *Varisjoki* bis *Vuotunki* (keine Busverbindung, kein öffentliches Telefon) um etwa 15 km verlängern und von dort bei entsprechender Wildwassererfahrung auf dem *Kuusinkijoki* bis zum *Saunavaara* unweit der Grenze zu Rußland fortsetzen (100 m Gefälle auf 15 km, Wildwasser I–II+, nur wenige und kurze Zahmwasserstrecken).

Tour 4: Iijärvi - Soivonjärvi - Iso-Kero - Irnijärvi

Auf dieser abwechslungsreichen Tour lösen sich Strecken auf Seen und Flüssen mit kleinen Stromschnellen ab. Die Strecke ist sowohl für Wanderkajaks als auch für Canadier geeignet.

Sie beginnen auf dem langgezogen, schmalen *Iijärvi* und gelangen über den *Kapea* nach *Poussu*. Über die *Poussunkoski*, die ihren Namen aber nur zur Zeit der Schneeschmelze verdient, kommen Sie zum *Soivionjärvi*, dessen Ufer nur dünn besiedelt sind. Nachdem Sie die *Kurenkoski* bewältigt haben, haben Sie im Großwildgehege am Westufer des *Iso-Kero* die Möglichkeit, Braunbären zu beobachten, bevor Sie die Tour am *Irnijärvi* beenden.

Länge: 50 km

Startpunkt: *Hotel Kuusamon Portti*, etwa 15 km südlich von Kuusamo, an der Fernstraße 5/E 63 in Richtung Kajaani gelegen. 🚌 in Richtung Kajaani, Mo bis Sa 7:30, im Winter Mo bis Fr 6:40, Sa 7:30, Mo bis Fr, So 14:20, 17:40.

✋ Der Expressbus um 11:10 hält nicht am Kuusamon Portti.

Endpunkt: Straßenbrücke/Rastplatz in *Irni*, etwa 45 km südlich von Kuusamo, an der Fernstraße 5/E 63 in Richtung Kajaani gelegen.
🚌 Zurück gelangen Sie mit dem Bus von Kajaani nach Kuusamo, Mo bis Sa 7:45 bis 12:00, Mo bis So 15:10 bis 19:10; Mo bis Fr 13:00 bis 16:55,

So 13:15 bis 16:55. Dieser Bus hält etwa eine halbe Stunde vor Ankunft in Kuusamo in Irni.

Umtragungen: Entlang der Strecke gibt es je nach Wasserstand mehr oder weniger Stellen, an denen aus dem Wasser ragende Felsen für die ein oder andere Grundberührung sorgen und die Weiterfahrt behindern. Außerdem können Sie sich auf eine leichte Wildwasserpassage einstellen (nach der Schneeschmelze zwei). Die Strecken sind aber allesamt sehr kurz und Umtragungen sind nicht nötig. Es genügt, wenn Sie sich nasse Füße holen, das leere Boot durch eine Engstelle manövrieren und Ihre Fahrt dann fortsetzen.

Wasser: Das Wasser des *Iijärvis* stammt vom noch weitgehend unberührten Iivaara und die Qualität ist dementsprechend gut.

Übernachtungsmöglichkeiten: Entlang der Ufer befinden sich vereinzelt Sommerhäuser und Bauernhöfe, aber Sie finden genügend unbewohnte Abschnitte und zahlreiche Inseln zum Zelten. Am *Kurjenjoki* befinden sich zwei Laavus △.

Es geht los...

km 0   🛏 🚰 ✕ 🏪 *Kuusamon Portti*, Kajaantintie 151, 93999 Kuusamo, ☎ 08/856652, FAX 08/856653,
💻 <pwcons.com/Portti> Übernachtung FIM 360/Doppelzimmer, Kanuverleih: FIM 25/Stunde, FIM 150/Tag.

Vom Steg am Hotel starten Sie in östliche Richtung. Halten Sie sich immer am rechten (südlichen) Ufer des *Iijärvi* und steuern Sie bei...

km 4   auf den *Niskavaara* zu, einen 350 m hohen Hügel, auf dem eine breite Holzeinschlagschneise den Blick zum Mobilfunkturm leitet. Wenden Sie sich nach Süden, und fahren Sie auf dem *Kapea* bis zur Straßenbrücke, die nach *Poussu* führt. 100 m vor der Brücke befindet sich eine kleine Stufe, die in der Mitte zu fahren ist. Der Fluß macht nach der Brücke eine Linkskurve, und es folgt eine 200 m lange Strecke, die zur Zeit der Schneeschmelze zu leichtem Wildwasser wird. Bei niedrigen Wasserständen sind die Steine, die

Morgennebel auf dem Possunjärvi

Abendstimmung am Irnijärvi

aus dem Wasser ragen, das größere Problem. Halten Sie sich zu Beginn links und schlängeln Sie sich dann mittig durch diesen Abschnitt. Der Fluß wird breiter, und Sie erreichen den *Poussunjärvi*. (📷 S. 103, 111).

Am gegenüberliegenden Ufer sehen Sie mittig eine Landzunge. Über die linke Bucht verläuft eine Stromleitung. Fahren Sie in südöstliche Richtung und steuern Sie die rechte Bucht an.

km 11 Der *Poussonjärvi* verengt sich zuerst zu einem Fluß, der Sie in südöstliche Richtung führt und erweitert sich dann zum *Rahkolampi*. Lassen Sie die Abzweigung im Nordosten links liegen, und paddeln Sie am rechten Ufer entlang nach Süden.

Weiter geht es auf einem schmalen Fluß, der sehr flach wird. Am Ende der etwa 200 m langen, steinigen Strecke versperrt bei niedrigem Wasserstand eine Reihe von Findlingen den Weg. Am einfachsten ist es, an einem großen Stein auszusteigen, das Boot durch diese Steinbarriere zu manövrieren und dann am rechten Ufer zurück ins Boot zu klettern.

km 13 *Straßenbrücke.* Es folgt noch ein etwa 150 m langer Abschnitt mit garantierten Grundberührungen, dann erreichen Sie den *Mustalahti*. Überqueren Sie den See in südliche Richtung. Fahren Sie dazu geradeaus auf die zwei Hütten am gegenüberliegenden Ufer zu, und halten Sie sich danach am rechten Ufer.

Zwei in den See ragende Landzungen lassen nur eine schmale Durchfahrt. Die zwei Inseln dahinter umfahren Sie im Süden.

Am Ende der zweiten Insel steuern Sie nach rechts in nordwestliche Richtung auf die Landzunge; wo Se einen Bauernhof erkennen können, zu.

km 18 Umrunden Sie die Landzunge, und paddeln Sie danach am linken Ufer weiter nach Süden. In dem nun folgenden Flußabschnitt, der in der Mitte gut fahrbar ist, ragen zahlreiche Felsbrocken aus dem Wasser. Der Fluß öffnet sich zum *Raakunjärvi*. Halten Sie sich am rechten Ufer, und umrunden Sie die spitz zulaufende Landzunge. Fahren Sie an deren Ende in Richtung Südwesten bei...

km 21,5 in den *Kurjenjoki*. Dessen Oberlauf wurde zu einem Kanal umgebaut. Nachdem der Kanal auf das alte Flußbett getroffen ist (🗺 am rechten Ufer), folgt eine 1000 m lange Stromschnellenfahrt, gespickt mit zahlreichen großen Findlingen.

Beginnen Sie am linken Flußufer (weiterer ⌂ links nach 500 m). Auf Höhe des Hauses am linken Ufer haben Sie den "wilden" Teil der Tour hinter sich gebracht. Der Fluß fließt gemächlich dahin, das rechte Ufer wird sumpfiger. Am Ende des Schilfgürtels fahren Sie bei...

km 25 in den *Pikku-Kerro*. Visieren Sie den Mobilfunkturm am gegenüberliegenden Ufer an, und überqueren Sie den See in südwestliche Richtung. Am Ende geht es auf einem schmalen Fluß weiter, der sich bei ...

km 26 in zwei Arme teilt. Halten Sie sich rechts. Nach der *Straßenbrücke* verbreitert sich der Fluß und Sie erreichen bei...

km 27 den *Iso-Kero*. Steuern Sie nach Westen, auf die ...

km 31 *Iso Käsmänsaari* mit einer kleinen vorgelagerten Insel. Halten Sie sich am Südufer der Insel. Fahren Sie am Ende weiter in Richtung Westen bis zum gegenüberliegenden Ufer, an dem Sie sich nach Süden wenden.

km 35 In der Bucht nach der breiten Landzunge befindet sich ein langer Sandstrand.

Im nordwestlichen Teil führt eine Treppe zum Autorastplatz an der Fernstraße. Laufen Sie diese nach rechts. An der Kreuzung nach 300 m führt ein Feldweg nach rechts zu einer Aufzuchtstation für Bären, Luchse und Füchse, *Kuusamon Suurpetokeskus*. Die Station befindet sich zur Zeit noch im Aufbau. Die Gehege können mit einem Führer, der im Hauptgebäude der Farm zu finden ist, besichtigt werden.

◆ Keronrannantie 31, 9399 Kuusamo, ☎ 08/861713, Erwachsene FIM 20, Kinder FIM 10.

Sie setzen Ihre Tour in südöstliche Richtung fort und steuern die Landzunge an. Die folgende große Bucht lassen Sie rechts liegen und fahren zur...

km 38 Ausfahrt des *Iso-Keros*, die sich zwischen zwei langen, aufgeschütteten Steinwällen befindet. An deren Ende unterfahren Sie eine *Brücke* und erreichen den *Heikkisenlampi*.

Steuern Sie in südöstliche Richtung zwischen der langgestreckten, unbewaldeten Insel und dem rechten Ufer hindurch, um die Landzunge mit den Häusern der Siedlung *Irninniemie* herum iund bei...

km 43   in den *Iirnijärvi*. Halten Sie sich am rechten (nördlichen) Ufer, und paddeln Sie auf die Häuser von *Irni* im Westen zu.

Links von Ihnen taucht die *Korkeamaa* mit einer Sandkliff-Küste auf. Dahinter folgt die Einfahrt in den langgestreckten, schmalen *Lapinlampi*. Halten Sie sich stets am rechten Ufer, bis Sie bei...

km 50   die *Straßenbrücke* der Fernstraße 5/E63 erreichen. Anlegen auf der linken Seite. Sie könnten auch unter der Brücke hindurch in den *Polojärvi* fahren. An dessen linken (östlichen) Ufer erreichen Sie nach 300 m einen Rastplatz.

Wie weiter?

Bushaltestelle auf der Straße nach rechts hinter der Kreuzung in Irni.

Über den *Iijoki* können Sie diese Tour bis zum Bottnischen Meerbusen fortsetzen.

Glossar

Im Folgenden eine Wortliste mit den wichtigsten geographischen Bezeichnungen und Paddelvokabular zum einfacheren Verständnis der Landkarten.

Finnisch	Deutsch
akanvirta	Walze
etelään	südlich
harju	Bergrücken
huippu	Gipfel
itään	östlich
järvi	See
joensuu	Flußmündung
joki	Fluß
kallio	felsige Bergwand
kannas	Lanenge
katu	Straße
kaupunki	Stadt
kirkko	Kirche
koste	Kehrwasser
koski	Wasserfall, Stromschnelle
kylä	Dorf
kynnys	Stufe; Steine, quer über das ganze Flußbett , meist am Ende der Stromschnelle
köngäs	steile Stromschnelle
laakso	Tal
länteen	westlich
lahti	Bucht
laiva	Schiff
lauta, lossi	Fähre
luusua	Mündungsstelle im See
uonnonsuojelualue	Schutzgebiet
maantie	Landstraße
mäki	Hügel
maja	Hütte
metsä	Wald
musta vesi	"schwarzes Wasser" = glatte Wasseroberfläche
nielu	"Rachen", tiefe Stelle in der Stromschnelle

niemi	Halbinsel
niska	"Nacken": Anfangsstelle der Schnelle
niva	stärkere Strömung, geringer als eine Stromschnelle
pahto	Wehr
pohjapato	Grundwehr; Unterwasserstufe
pohjoiseen	nördlich
puro	Bach
raja	Grenze
ranta	Strand, Flachküste
riutta	Sandbank
sahi	stärkere Strömung, geringer als eine Stromschnelle
salmi	enge Vebindung zwischen zwei Seen
saari	Insel
selkä	Bergrücken
silta	Brücke
suisto	Delta, Flußmündung
suo	Moor
suvanto	Zahmwasser
tammi	Wehr
tie	Weg
tunturi	waldloser Berg
vaara/vuori	Berg
valkoinen vesi	"weißes Wasser", die Oberfläche ist aufgewühlt und mit Schaumkronen bedeckt
venekoppi	Bootshaus
vesi	Wasser, Gewässer

Index

Alle Titel aus dem Conrad Stein Verlag

OutdoorHandbücher
Basiswissen für Draussen

Band		DM
1	Rafting	12,80
2	Mountainbiking	12,80
3	Knoten	12,80
4	Karte Kompaß GPS	14,80
5	Eßbare Wildpflanzen	12,80
6	Skiwandern	12,80
7	Wildniswandern	12,80
8	Kochen	12,80
9	Bergwandern	12,80
10	Solo im Kanu	12,80
11	Kanuwandern	14,80
12	Fotografieren	12,80
13	Wetter	12,80
14	Allein im Wald	12,80
	- Survival für Kinder	
15	Wandern mit Kind	12,80
	zu Fuß · per Rad · mit Kanu	
16	Sex-	12,80
	Vorbereitung Technik Varianten	
20	Wüsten-Survival	14,80
21	Angeln	14,80
22	Leben in der Wildnis	14,80
24	Ratgeber rund ums Wohnmobil	14,80
25	Wale beobachten	14,80
30	Spuren & Fährten	14,80
31	Canyoning	14,80
34	Radwandern	14,80
35	Mushing - Hundeschlittenfahren	14,80
36	Gesund unterwegs	12,80
39	Erste Hilfe	14,80
45	Solotrekking	12,80
48	Für Frauen	12,80
58	Fahrtensegeln	14,80
65	Seekajak	12,80
	Ausrüstung Technik Navigation	
68	Minimal Impact	12,80
	Outdoor - naturverträglich	
69	Abenteuer Teeniegruppe	12,80
70	Wintertrekking	12,80
72	Schnorcheln und Tauchen	12,80
73	Trekkingreiten	14,80
77	Wohnmobil in USA	19,80
	und Kanada	
86	Regenwaldexpeditionen	14,80
94	Wattwandern	14,80

OutdoorHandbücher
Der Weg ist das Ziel

Band		DM
17	Schweden: Sarek	24,80
18	Schweden: Kungsleden	22,00
19	Kanada: Yukon	22,00
23	Spanien: Jakobsweg	24,80
26	West Highland Way (Schottland)	22,00
27	John Muir Trail (USA)	22,00
28	Landmannalaugar (Island)	22,00
29	West Coast Trail (Kanada)	22,00
32	Radtouren in Masuren (Polen)	24,80
33	Trans-Alatau (GUS)	22,00
37	Kanada: Bowron Lakes	22,00
38	Polen: Kanutouren in Masuren	24,80
40	Trans-Korsika - GR 20	24,80
41	Norwegen: Hardangervidda	24,80
42	Nepal: Annapurna	22,00
43	Schottland: Whisky Trail	14,80
	- Speyside Way	
44	Tansania: Kilimanjaro	24,80
49	USA: Grand Canyon Trails	22,00
50	Kanada: Banff & Yoho	22,00
	Nationalpark-Tageswanderungen	
51	Tasmanien: Overland Track	22,00
52	Neuseeland: Fiordland	22,00
53	Irland: Shannon-Erne	22,00
54	Südafrika: Drakensberge	22,00
55	Spanien: Pyrenäenweg GR 11	22,00
56	Polen: Drawa	19,80
57	Kanada: Great Divide Trails	22,00
59	Kanada: Wood Buffalo NP	19,80
60	Kanada: Chilkoot Trail	22,00
61	Kanada: Rocky Mountains	22,00
	- Radtouren	
62	Irland: Kerry Way	22,00
63	Schweden: Dalsland-Kanal	24,80

☺ Weitere Bände in
Vorbereitung.
Fordern Sie unseren aktuellen
Verlagsprospekt an.

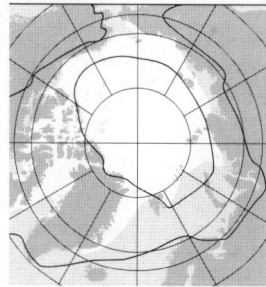

Arktis, Antarktis:
Kompetenz und Auswahl

Weil Arktis und Antarktis extreme Reisegebiete sind, hat sich terra polaris konsequent auf diese Regionen spezialisiert.
Als Spezialagentur, die eine entsprechend große Auswahl ausgefallener Reisen verschiedenster kleiner Veranstalter aus mehreren Ländern anbietet.
Mit der Arktiskompetenz etwa unserer Schwesterfirma Spitsbergen Tours Andreas Umbreit, dem langjährigsten Veranstalter Spitzbergens.

Wir verkaufen nicht nur Reisen, sondern beschäftigen uns auch mit den Zielgebieten: kennen Sie unser Spitzbergen-Handbuch (über 500 Seiten) oder Kurs Nord - Das Seereisen-Handbuch ?
Spitzbergen, Grönland, Russische Arktis, Amerikanische Arktis, Antarktis sind unsere Reiseregionen - südlichere Ziele wie Island oder Skandinavien und Massentourismus überlassen wir weitgehend anderen.
Polarnacht, Hundeschlitten, Skitouren, Motorschlitten. Sommer: Ortsaufenthalte, Küstenschiffsreisen, Wandern, Trekking, Studienreisen, Sonderarrangements

terra polaris - Fachagentur Andreas Umbreit für Polarreisen

Am Boxberg 140, D-99880 Leina, Tel. 03622-901633, Fax 901634. e-mail: info@terrapolaris.de

Individuelle Infopakete - möglichst genau Reiseart und Zeitraum anfragen.